Islamstunde

In Freundschaft leben

5

Religionsbuch für die Sekundarstufe I

Wissenschaftlicher Beirat:
Prof. Susanne Heine, Prof. Martin Jäggle,
Prof. Karl Klement, Prof. Fuat Sanaç,
Prof. Peter Stöger

Herausgegeben von
Mag. Amena Shakir
im Auftrag der Islamischen Glaubensgemeinschaft in Österreich

Genehmigt vom Obersten Rat der IGGiÖ,
begutachtet von der Schulbuchkommission der IGGiÖ:
Dr. Farouque Ahmad, Mag. Fatma Akyıldız, Dipl.-Schau. Amina Baghajati,
Dr. Wolfgang Bauer, Dr. Murat Doymaz, Dipl. Päd. Necattin Genç,
Mag. Mohamed Imara, Mag. Mustafa Mullaoğlu

Erarbeitet von:
Hacer Geçgel, Jonas El-Halawany,
Dr. Ursula Fatima Kowanda-Yassin,
Fatma Öztürk, BEd., Dipl. Päd. Aida Podojak,
Fatma Yavuz, BEd.

www.veritas.at

Ihr Menschen: Wir haben euch aus Mann und Frau erschaffen und euch zu Völkern und Stämmen gemacht, damit ihr einander kennenlernt. Wahrlich, am angesehensten von euch vor Allah ist, wer das größte Gottesbewusstsein hat. Wahrlich, Allah ist Allwissend, Allkundig.
(Sura al-Hudjurat: Die Gemächer, 49:13)

يَٰٓأَيُّهَا ٱلنَّاسُ إِنَّا خَلَقْنَٰكُم
مِّن ذَكَرٍ وَأُنثَىٰ وَجَعَلْنَٰكُمْ شُعُوبًا وَقَبَآئِلَ
لِتَعَارَفُوٓا۟ ۚ إِنَّ أَكْرَمَكُمْ
عِندَ ٱللَّهِ أَتْقَىٰكُمْ ۚ إِنَّ ٱللَّهَ عَلِيمٌ خَبِيرٌ ١٣

1 Betrachte die Bilder und überlege, wie sie mit der Aya zusammenhängen.

1 ISLAM LEBEN UND VERSTEHEN (ISLAM, IMAN, IHSAN)

Ich bin Muslim! Ich bin Muslima!

1 Was erkennst du auf den Bildern?
Schreibe deine Gedanken auf.

GA **2** Was gehört eurer Meinung nach zum Islam und was nicht? Begründet.

H **3** Was würdest du auf die Frage antworten: „Was bedeutet Islam?“ Erläutere deine Antwort.

Ich bin Muslima / Ich bin Muslim, weil …

1 Welcher Aussage stimmst du zu? Wieso? Überlege und diskutiere in der Gruppe!

2 Fülle die restlichen Sprechblasen aus und begründe deinen Standpunkt.

3 Dass du Muslima / Muslim bist, ist ein wesentliches Merkmal von dir – es ist Teil deiner Identität. Trage in die Puzzleteile weitere wichtige Teile deiner Identität ein!

H **4** Überlege und schreibe auf: Ich bin Muslima / Muslim, weil …

Islam – Iman – Ihsan

In vielen Ahadith beschreibt der Prophet Muhammad ﷺ den Islam. Eine der bekanntesten Überlieferungen ist der sogenannte Hadith Dschibril.

1 Lest den Hadith aufmerksam und beantwortet anschließend die Fragen.

Von ‘Umar Ibn al-Chattab رضي الله عنه, Allahs Wohlgefallen auf ihm:
„Eines Tages, während wir beim Gesandten Allahs ﷺ saßen, trat ein Mann zu uns: Er trug ein sehr weißes Gewand und seine Haare waren tiefschwarz. An ihm war keine Spur der Reise zu sehen, aber keiner von uns kannte ihn. Er setzte sich sehr nah zum Propheten ﷺ, lehnte seine Knie gegen dessen Knie, legte seine Handflächen auf dessen Oberschenkel und sagte:
»O Muhammad, unterrichte mich über den Islam.«
Da antwortete der Gesandte Allahs ﷺ: »Islam ist, dass du bezeugst, dass es keinen Gott gibt außer Allah und dass Muhammad der Gesandte Allahs ist, und dass du das Gebet verrichtest, die Zakat zahlst, im Ramadan fastest und zum Hause pilgerst, wenn du dazu imstande bist.«
Er sagte: »Du hast recht gesprochen.«
Wir waren sehr erstaunt darüber, dass er ihn erst befragte und ihm dann Recht gab.
Er aber fragte weiter: »Nun unterrichte mich über den Iman.«
Er ﷺ sagte: »Iman ist, dass du voller Überzeugung an Allah glaubst, an Seine Engel, an Seine Bücher, an Seine Gesandten und an den Jüngsten Tag, und dass du von der Vorhersehung überzeugt bist in ihrem Guten und in ihrem Schlechten.«
Er sagte: »Du hast recht gesprochen.« Dann fuhr er fort: »Nun berichte mir über Ihsan, das beste Handeln.«
Er ﷺ antwortete: »Ihsan ist, dass du Allah anbetest, als würdest du ihn sehen, und wenn du Ihn nicht siehst, so sieht Er dich doch.« (…)
Dann fragte er ﷺ: »O ‘Umar, weißt du, wer der Fragende war?«
Ich entgegnete: »Allah und Sein Gesandter wissen es am besten.« Er erwiderte:
»Es war der Engel Dschibril, der zu euch gekommen ist, um euch eure Religion zu lehren.«“

(Muslim, Abu Dawud, Nisa’i)

- Lest den Hadith laut in Abschnitten vor und überlegt: Warum kannte niemand den Engel Dschibril? Warum waren keine Spuren der Reise an seiner Kleidung sichtbar?
- Warum entsandte Allah سبحانه وتعالى den Engel auf so ungewöhnliche Weise?
- Warum, denkt ihr, ist dieser Hadith sehr bekannt unter den Muslimen?

GA **2** Überlegt gemeinsam: Welche Themen werden im Hadith angesprochen? Wie erklärt der Prophet ﷺ den Islam?

GA **3** Wie erklärst du den Islam? Stelle ihn deiner Sitznachbarin/deinem Sitznachbarn vor.

4 Erkläre die einzelnen Punkte, mit denen der Prophet ﷺ in diesem Hadith den Islam, den Iman und den Ihsan definierte, in eigenen Worten.

5 Schreibe aus dem Hadith heraus, wie der Prophet ﷺ Islam, Iman und Ihsan definierte.

Islam ist:	Iman ist:	Ihsan ist:
1 ______	1 ______	______
2 ______	2 ______	______
3 ______	3 ______	______
4 ______	4 ______	______
5 ______	5 ______	______
	6 ______	______

Islam ist eine Lebensweise

Die Bezeichnung Muslim drückt aus, dass es sich um jemanden handelt, der den Islam angenommen und verinnerlicht hat – ganz unabhängig von seiner Herkunft.
Das arabische Wort Islam enthält sehr viel: Es bedeutet Hingabe, Unterwerfung und Gehorsam (gegenüber dem Einzigen Gott). Und es bedeutet Frieden (nämlich mit sich selbst, mit dem Schöpfer, dessen Schöpfung und den Geschöpfen insgesamt).
Ein Muslim ist also ein friedvoller, gottergebener Mensch.
Alles im Universum existiert und lebt im Einklang mit dem Willen Allahs ﷾, der sich in der Schöpfung und in der Natur offenbart. Der bekannte Dichter Johann Wolfgang von Goethe fasst dies so zusammen:

„Närrisch, dass jeder in seinem Falle
Seine besondere Meinung preist!
Wenn Islam »Gott ergeben« heißt,
In *Islam* leben und sterben wir alle."

(Johann Wolfgang von Goethe: West-östlicher Divan. Frankfurt 1981, S. 59)

6 Wie wird im Text Islam definiert? Was meint der Dichter Goethe mit den letzten beiden Versen?
Überlege: Kann man Muslima / Muslim und Österreicherin / Österreicher zugleich sein? Begründe.

WUSSTEST DU … dass der Prophet Muhammad ﷺ sagte: „Wem Allah Gutes will, den lässt er die Religion richtig verstehen." (Buchari, Muslim, Tirmidhi, Nisa'i, Ibn Madscha)

7 Du hast jetzt einiges über den Islam erfahren. Nun überlege nochmals: „Warum bin ich Muslima / Muslim?" Fasse deine Gedanken zusammen und trage sie vor.

Die Schahada – Das Glaubensbekenntnis

1 Lies den Text und markiere wichtige Wörter.

Die Schahada ist die erste Säule des Islam. Durch die öffentliche Bezeugung der Schahada bekennt sich ein Mensch zum Islam. Wichtig ist, dass die Schahada nicht nur mit dem Mund, sondern auch mit einer aufrichtigen Absicht und Überzeugung ausgesprochen wird: Das Herz bestätigt, was die Zunge sagt. Erst dann gilt die Schahada.
Das islamische Glaubensbekenntnis umfasst zwei Bezeugungen:
„Es gibt keinen Gott außer Allah" sowie: „Muhammad ist der Gesandte Allahs". Kein Teil ist gültig ohne den anderen, weshalb es auch Schahadatan genannt wird.

2 Sprecht in der Klasse über den Text.

3 Überlege, was die Schahada für dich persönlich bedeutet.
Tausche dich mit deiner Sitznachbarin / deinem Sitznachbarn aus.

4 Überlege: Warum gilt die Schahada als wichtigste Grundlage des Islam?
Besprecht es miteinander.

Merke dir ...

a) Die Schahada ist die erste Säule des Islam.
b) Die Schahada ist ein äußeres und inneres Bekenntnis zum Islam.
c) Sie lautet und bedeutet:

أَشْهَدُ أَنْ لَا إِلَهَ إِلَّا اللّٰهُ وَأَشْهَدُ أَنَّ مُحَمَّدًا عَبْدُهُ وَرَسُولُهُ.

„Ich bezeuge, dass es keinen Gott gibt außer Allah, und ich bezeuge, dass Muhammad Sein Diener und Gesandter ist."

d) Das heißt, dass die Schahada aus zwei Wahrheiten besteht:
   1. Allah ﷻ ist der Eine und Einzig anbetungswürdige Gott.
   2. Muhammad ﷺ ist Sein Diener und Gesandter.
e) Jeder Mensch, der die Schahada bewusst und überzeugt ausspricht, wird in das Paradies eintreten.

H **5** Kannst du erläutern, warum der Begriff „bezeuge" so wesentlich für die Schahada ist? Schreibe es auf.

Es muss *einen* Gott geben

Eines Tages wanderten zwei Männer in der Wüste, als sie einen Beduinen trafen, der sich im Gebet verneigte. Sie fragten ihn: „Vor wem verneigst du dich?“

Er antwortete: „Vor Allah, dem Einen Gott!“ Sie fragten ihn: „Und woher weißt du, dass es einen Gott gibt?“

Da sprach er: „Was seid ihr für merkwürdige Menschen! Wenn die Spuren im Sand darauf hinweisen, dass jemand dort gegangen ist, und der Dung des Kamels ein Hinweis auf die Existenz des Kamels ist, soll dann nicht das gesamte Universum ein Hinweis auf Allah, den Einzig Anbetungswürdigen Gott sein?“

1 a) Lies die Geschichte und überlege: Wie erklärt der Beduine die Existenz Allahs سبحانه وتعالى?

b) Wie würdest du die Existenz Allahs سبحانه وتعالى erklären? Erarbeitet in Gruppen Vorschläge und präsentiert sie in der Klasse.

c) Überlege: Was könnte der Beduine mit diesen Worten gemeint haben: „Einzig Anbetungswürdiger Gott“? Welche weiteren Formen der Anbetung kennst du?

2 Kennst du andere Glaubensbekenntnisse?
Informiere dich bei deinen Klassenkolleginnen / Klassenkollegen oder anderen Religionslehrerinnen / Religionslehrern, ob es auch bei ihnen Glaubensbekenntnisse gibt.

H **3** Führe ein kurzes Interview durch und notiere dir die wichtigsten Informationen:
Wie bekennst du dich zu deiner Religion?
Sprichst du dabei etwas aus?
Ergänze.

a) Religion: ______________________________

Informationen: ______________________________

____

____

b) Religion: ______________________________

Informationen: ______________________________

____

____

4 Welche Gemeinsamkeiten fallen dir auf? Welche Unterschiede? Diskutiert!

Ich bezeuge die Schahada

Eines Tages bemerkte ein König, als er seinen königlichen Palast zu seiner morgendlichen Audienz betrat, dass sich eine ihm fremde Person nicht vor ihm verneigte. Er ärgerte sich sehr über die mangelnde Ehrerbietung des Fremden in seinem Palast und rief aus: „Wie kannst du es nur wagen, dich nicht zur Begrüßung vor mir zu verneigen. Niemand hat dies bisher getan, alle verneigen sich vor mir! Wer glaubst du, wer du bist?" Da lächelte der Fremde und sagte: „Ich bin genau dieser Niemand, von dem du sprichst."

1 Lest die Geschichte und beantwortet folgende Fragen:

- Was meinte der Fremde damit, als er sich als Niemand bezeichnete?
- Woher nahm er den Mut, dem König zu widersprechen?
  Könnte die Schahada hier eine Rolle gespielt haben?
- Was meint ihr: Hat der König die Botschaft des Fremden verstanden? Wie geht es weiter?
- Hast du schon Situationen erlebt, die ähnlich waren?

Der Prophet ﷺ hat gesagt: „Die Menschen, die meine Fürsprache am meisten verdienen, sind jene, die aus vollem Herzen sprechen: Es gibt keinen Gott außer Allah."

(Buchari, Nisa'i)

Das öffentliche Aussprechen der Schahada macht einen Menschen zum Muslim.

2 Schreibe die Schahada in die Schriftrolle. Sprecht sie euch gegenseitig vor.

Wenn du möchtest, kannst du die Schahada mit deinem Namen unterschreiben.

H GA **3** Suche mit einer Partnerin / einem Partner weitere Informationen über die Schahada, etwa:

- Muss jemand anwesend sein, während ich bezeuge?
- Was bedeutet es für mich, dass ich das Bekenntnis laut ausspreche?

WUSSTEST DU … dass man seinen Iman erneuern kann, indem man oft „La-ilaha illallah" sagt? (Ahmad)

Mein Leben als Muslima/Muslim

1 Gestalte deine eigene Islam-Collage. Wie lebst du als Muslima bzw. als Muslim in Österreich? Du kannst Fotos, Zeichnungen, Zeitschriften u.a. verwenden – oder auch selber zeichnen, wenn dir das lieber ist.

BEACHTE: Füge mehrere Bilder zusammen, die mit deinem Muslimsein zusammenhängen!

Ich lerne Allah ﷾, meinen Schöpfer, kennen

Tauhid – Die Einheit und Einzigkeit Allahs

H **1** Was fällt dir ein, wenn du an Allah ﷾ denkst? Schreibe „**Allah** ﷾“ in die Mitte einer freien Seite und erarbeite eine Mind-Map, die du in der Klasse vorstellst.

„Allah“ ist in der arabischen Sprache die Bezeichnung für Gott, es ist also nicht nur der Name des Gottes der Muslime. Sogar Menschen, die in der Zeit vor dem Islam an mehrere Gottheiten glaubten, wandten sich in ihrer Anbetung an Allah ﷾, gesellten Ihm aber andere Götter bei. Arabisch sprechende Menschen aller Religionen, auch Juden und Christen, verwenden bis heute den Begriff Allah für den einen Gott, wenn sie z. B. Alhamdulillah – Gott sei Dank – sagen.

WUSSTEST DU … Vom arabischen Wort Allah kann man keinen Plural bilden – denn es gibt nur einen Gott!

2 Lest den Text und sprecht in der Klasse darüber.

Die absolute Einheit Allahs ﷾ ist der erste und wichtigste Teil der Schahada. Dass wir sie bestätigen, nennt man Tauhid. Der Begriff Tauhid kommt vom arabischen *wahid* (Eins) und drückt aus, dass es nur einen Gott gibt und dass Er Einzigartig ist. Das bedeutet für uns drei Dinge:

1) Nur Allah hat das Universum erschaffen und alles liegt in Seiner Macht. Er versorgt uns immer.
2) Nur Allah hat es verdient, angebetet zu werden. Wir verehren nur Ihn und erinnern uns immer daran, dass nichts wichtiger ist als Allah.
3) Allah ist anders als alles andere – unvergleichlich größer, schöner, herrlicher …! Er hat keine Mängel, und man kann Ihn mit nichts vergleichen.

Allah ﷾ beschreibt Seine Einzigartigkeit und Unvergleichbarkeit in der Sura al-Ichlas (die Aufrichtigkeit):

Mit dem Namen Allahs, des Allerbarmers, des Barmherzigen!
1 Sag: „Er ist Allah, der Eine.
2 Allah der Ewige,
3 Er zeugt nicht, und Er ist auch nicht gezeugt;
4 und es gibt nichts, das mit Ihm verglichen werden kann.“
(Sura 112:1–4)

بِسۡمِ ٱللَّهِ ٱلرَّحۡمَٰنِ ٱلرَّحِيمِ
قُلۡ هُوَ ٱللَّهُ أَحَدٌ ١ ٱللَّهُ ٱلصَّمَدُ ٢
لَمۡ يَلِدۡ وَلَمۡ يُولَدۡ ٣
وَلَمۡ يَكُن لَّهُۥ كُفُوًا أَحَدُۢ ٤

3 Erkläre die Sura al-Ichlas in eigenen Worten!

Es gibt nua an Allah

CD Track 1: „Es gibt nua an Allah …“, Lied von Gernot Galib Stanfel

Refrain:
Es gibt nua an Allah
Und sonst kan Allah
Er ist als anziga
Nua allanig da
Es gibt nua an Gott
Es gibt kan danebn
Es gibt nua an Gott
Es kann nua anan gebn

1. Es ist nua ana der ist
a wannst das a Weil vergisst

Refrain

2. Es ist nua ana der will
Er ist der Anfang und des Ziel

Refrain

3. Es ist nua ana der lebt
Wann das Herz und die Erdn bebt

Refrain

4. Es ist nua ana der waß
er ist der Punkt im Kras

Text und Musik: Gernot Galib Stanfel

GA **1** Höre dir das Lied „Es gibt nua an Allah …“ (Es gibt nur einen Allah) an.
Was möchte der Künstler mit dem Lied zum Ausdruck bringen?
Tauscht eure Gedanken aus.

2 Kennst du andere Lieder über Allah سبحانه وتعالى in der deutschen oder einer anderen Sprache?

Die 99 Namen Allahs سبحانه وتعالى

Der Tauhid wird auch durch die unzähligen Namen Allahs سبحانه وتعالى ausgedrückt, viele werden im Qur'an genannt. Die bekanntesten sind die 99 Namen Allahs سبحانه وتعالى. Beginne auf der rechten Seite!

- الحميد – al-Hamid – *Der, dem Lobpreis gebührt*
- المحصي – al-Muhsi – *Der alles erfasst und bewertet*
- المبدئ – al-Mubdi' – *Der Beginner der Schöpfung aus dem Nichts*
- المعيد – al-Mu'id – *Der Wiederholer der Schöpfung nach dem Sterben*
- المحيي – al-Muhyi – *Der Leben Spendende*
- المميت – al-Mumit – *Der das Leben Nehmende*
- الحي – al-Hayy – *Der ewig Lebende*

- القيوم – al-Qayyum – *Der aus sich selbst Bestehende*
- الواجد – al-Wadschid – *Der von seinen Dienern gefunden werden kann*
- الماجد – al-Madschid – *Der Hochgerühmte*
- الواحد – al-Wahid – *Der Einzigartige*
- الصمد – as-Samad – *Der ewig Unveränderte*
- القادر – al-Qadir – *Der Machtvolle*
- المقتدر – al-Muqtadir – *Der alles Vermögende*

- المقدم – al-Muqaddim – *Der Vorrang Verleihende*
- المؤخر – al-Mu'achir – *Der Nachrang Verleihende*
- الأول – al-Awwal – *Der Erste (ohne Beginn)*
- الآخر – al-Achir – *Der am Schluss Seiende (ohne Ende)*
- الظاهر – adh-Dhahir – *Der Offenbare*
- الباطن – al-Batin – *Der Verborgene*
- الوالي – al-Wali – *Der einzige und absolute Herrscher*

- المتعالي – al-Mut'aali – *Der über jeden Mangel Erhabene*
- البر – al-Barr – *Der Allgütige*
- التواب – at-Tawwab – *Der die Reue Annehmende*
- المنتقم – al-Muntaqim – *Der angemessen Bestrafende*
- العفو – al-'Afuw – *Der Allvergebende*
- الرؤوف – ar-Ra'uf – *Der Allgnädige*

- مالك الملك – Malik al-Mulk – *Der Inhaber aller Souveränität*
- ذو الجلال والإكرام – Dhul-Dschalali-wal-Ikram – *Derjenige, dem Majestät und Ehre gebühren*
- المقسط – al-Muqsit – *Der unparteiisch Richtende*
- الجامع – al-Dschaami' – *Der Versammelnde*
- الغني – al-Ghaniy – *Der sich selbst Genügende*

- المغني – al-Mugni – *Der Reichtum Verleihende*
- المانع – al-Maani' – *Der Schaden Abwendende*
- الضار – ad-Dar – *Der Schaden Zufügende*
- النافع – an-Naafi' – *Der Wohltäter*
- النور – an-Nur – *Das Licht*
- الهادي – al-Haadi – *Der Rechtleitende*
- البديع – al-Baadi' – *Der Schöpfer des Neuen*

- الباقي – al-Baaqi – *Der ewig Bleibende*
- الوارث – al-Waarith – *Der einzige Erbe*
- الرشيد – ar-Raschiid – *Der Führung gebende*
- الصبور – as-Sabur – *Der absolut Geduldige*
- جل جلاله – Dschalla Dschalaluhu – *Erhaben ist Seine Majestät*
- ولا إله غيره – Wa la ilaha ghairuh – *Und es gibt keinen Gott außer Ihm*

هو الله	Hua Allah	*Er ist Allah*
الرحمن	ar-Rahman	*Der Allerbarmer*
الرحيم	ar-Rahim	*Der Barmherzige*
الملك	al-Malik	*Der Herrscher*
القدوس	al-Quddus	*Der Reine*
السلام	as-Salam	*Der Friede*
المؤمن	al-Mu'min	*Der Gewährer von Sicherheit*
المهيمن	al-Muhaimin	*Der alles mit Macht und Schutz umschließt*
العزيز	al-'Aziz	*Der die Würde und Macht innehat*
الجبار	al-Dschabbar	*Der Gewaltige*
المتكبر	al-Mutakabbir	*Der Stolze*
الخالق	al-Chaliq	*Der Erschaffer*
البارئ	al-Bari'	*Der Schöpfer*
المصور	al-Musawwir	*Der Gestalter*
الغفار	al-Ghaffaar	*Der Verzeiher*
القهار	al-Qahhar	*Der alles Bezwingende*
الوهاب	al-Wahhab	*Der reichlich Gebende*
الرزاق	ar-Razzaq	*Der Versorger*
الفتاح	al-Fattah	*Der Öffnende*
العليم	al-'Alim	*Der Allwissende*
القابض	al-Qabid	*Der die Gaben Zurückhaltende*
الباسط	al-Basit	*Der reichlich Gaben Gebende*
الخافض	al-Chafid	*Der die Hochmütigen erniedrigt*
الرافع	ar-Rafi'	*Der die Demütigen erhöht*
المعز	al-Mu'izz	*Der Verleiher von Würde*
المذل	al-Mudhil	*Der Erniedrigende*
السميع	as-Sami'	*Der Allhörende*
البصير	al-Basir	*Der Allsehende*
الحكم	al-Hakam	*Der Richter*
العدل	al-'Adl	*Der vollkommen Gerechte*
اللطيف	al-Latif	*Der Gütige*
الخبير	al-Chabir	*Der Allkundige*
الحليم	al-Halim	*Der Sanftmütige*
العظيم	al-Adhim	*Der Gewaltige*
الغفور	al-Ghafuur	*Der immer wieder Verzeihende*
الشكور	asch-Schakur	*Der reichlich Belohnende*
العلي	al-'Aliyy	*Der Höchste*
الكبير	al-Kabir	*Der Große*
الحفيظ	al-Hafiidh	*Der Bewahrer*
المقيت	al-Muqit	*Der allen Dingen ihre Zeit zumisst*
الحسيب	al-Hasib	*Der Abrechnende*
الجليل	al-Dschalil	*Der Majestätische*
الكريم	al-Karim	*Der absolut Großzügige*
الرقيب	ar-Raqib	*Der alles Beobachtende*
المجيب	al-Mudschib	*Der Erhörende aller Bitten*
الواسع	al-Waasi'	*Der Weite, alles Umfassende*
الحكيم	al-Hakiim	*Der Allweise*
الودود	al-Wadud	*Der Liebevollste*
المجيد	al-Madschid	*Der Ruhmreiche*
الباعث	al-Baa'ith	*Der die Toten erweckt*
الشهيد	Asch-Schahid	*Der allgegenwärtige Zeuge*
الوهاب	al-Haqq	*Die Wahrheit*
الوكيل	al-Wakil	*Der Treuhänder*
القوي	al-Qawwiy	*Der die Stärke innehat*
المتين	al-Matin	*Der Starke*
الولي	al-Waliy	*Der Vertraute*

Allah سبحانه وتعالى beschreibt sich im Qur'an

Sprich: „Ruft Allah, oder ruft den Allerbarmer! Wie ihr Ihn auch nennt, Sein sind die schönsten Namen. Und sprich dein Gebet nicht zu laut, aber auch nicht zu leise, sondern suche dazwischen einen Mittelweg!" (Sura al-Isra' 17:110)	قُلِ ٱدْعُوا۟ ٱللَّهَ أَوِ ٱدْعُوا۟ ٱلرَّحْمَٰنَ ۖ أَيًّا مَّا تَدْعُوا۟ فَلَهُ ٱلْأَسْمَآءُ ٱلْحُسْنَىٰ ۚ وَلَا تَجْهَرْ بِصَلَاتِكَ وَلَا تُخَافِتْ بِهَا وَٱبْتَغِ بَيْنَ ذَٰلِكَ سَبِيلًا ﴿١١٠﴾

1 Wie viele Namen Allahs سبحانه وتعالى kennst du bereits auswendig? Berichte!

Iman El Sarag, St. Veit an der Glan

Du findest im Qur'an viele Namen Allahs سبحانه وتعالى – das Nachdenken über Seine Namen gilt als ausgezeichnete Form der Ibada und ist besonders erwünscht. In Sura al-Haschr sagt Allah سبحانه وتعالى:

Er ist Allah, außer Dem es keinen Gott gibt. Er ist der Kenner des Verborgenen und des Sichtbaren. Er ist der Allergnädigste, der Barmherzige.	هُوَ ٱللَّهُ ٱلَّذِى لَآ إِلَٰهَ إِلَّا هُوَ ۖ عَٰلِمُ ٱلْغَيْبِ وَٱلشَّهَٰدَةِ ۖ هُوَ ٱلرَّحْمَٰنُ ٱلرَّحِيمُ ﴿٢٢﴾
Er ist Allah, außer Dem es keinen Gott gibt. Er ist der Herrscher, der Reine, der Frieden, der Sicherheit Gewährende, der Eine, der bestimmt, was wahr und falsch ist, der Allmächtige, der Eine, der Unrecht bezwingt und Recht wiederherstellt, der Eine, dem alle Größe gehört. Erhaben ist Allah über allem, was sie Ihm beigesellen.	هُوَ ٱللَّهُ ٱلَّذِى لَآ إِلَٰهَ إِلَّا هُوَ ٱلْمَلِكُ ٱلْقُدُّوسُ ٱلسَّلَٰمُ ٱلْمُؤْمِنُ ٱلْمُهَيْمِنُ ٱلْعَزِيزُ ٱلْجَبَّارُ ٱلْمُتَكَبِّرُ ۚ سُبْحَٰنَ ٱللَّهِ عَمَّا يُشْرِكُونَ ﴿٢٣﴾
Er ist Allah, der Schöpfer, der Erschaffer, der Gestalter. Er hat die schönsten Namen. Ihn lobpreist alles, was in den Himmeln und auf der Erde ist. Er ist der Allmächtige, der Allweise. (Sura al-Haschr 22–24)	هُوَ ٱللَّهُ ٱلْخَٰلِقُ ٱلْبَارِئُ ٱلْمُصَوِّرُ ۖ لَهُ ٱلْأَسْمَآءُ ٱلْحُسْنَىٰ ۚ يُسَبِّحُ لَهُۥ مَا فِى ٱلسَّمَٰوَٰتِ وَٱلْأَرْضِ ۖ وَهُوَ ٱلْعَزِيزُ ٱلْحَكِيمُ ﴿٢٤﴾

CD Track 2 und 3: Sura al-Haschr 22–24, arabisch und deutsch

2 **Höre die Verse aus Sura al-Haschr und lerne sie.**

3 **Lies die Verse und denke über ihre Bedeutung nach.**

a) Betrachte mit deiner Partnerin/deinem Partner die Namen Allahs ﷻ und versuche, einige davon in eigenen Worten zu erklären.

b) Was meinst du, warum hat Allah ﷻ so viele verschiedene Namen?

GA **4** **Nun hast du einiges über Allah ﷻ erfahren. Lies die folgenden Fragen durch und mach dir Gedanken darüber. Tauscht dann in der Gruppe eure Gedanken aus.**

a) Welche Rolle nimmt mein Iman an Allah ﷻ in meinem Leben und Alltag ein?

b) Was bedeutet es für mich, dass Allah ﷻ immer in meiner Nähe ist?

c) Wähle drei Namen aus und überlege, welche Bedeutung sie für dein Leben haben.

d) Mit welchen Namen rufst du Allah ﷻ an?

Die häufigsten Namen Allahs ﷻ, die im Qur'an genannt werden, sind:

ar-Rahman (ٱلرَّحْمَٰن): der Allerbarmer

ar-Rahim (ٱلرَّحِيم): der Barmherzige

Das arabische Wort *rahman* heißt: Erbarmen haben, gnädig sein, und beschreibt eine der wichtigsten Eigenschaften Allahs. Das arabische Wort für Gebärmutter – *rahim* – hat die gleiche Wurzel. Die Gebärmutter ist der Ort höchster Nähe und Barmherzigkeit, die ein Mensch ausdrücken kann – der Mutterliebe. Die Liebe Gottes ist der Ursprung der Mutterliebe und ist noch intensiver und umfassender.

Der Prophet Muhammad ﷺ sagte: „Ihr werdet das Paradies nicht betreten, bevor ihr nicht barmherzig handelt". Seine Anhänger sagten: „Wir sind doch alle barmherzig." Er sagte: „Es ist nicht nur die Barmherzigkeit untereinander, sondern die Barmherzigkeit gegenüber allen Menschen." Und er wiederholte: „Die Barmherzigkeit gegenüber allen."

(Al-Baihaqi)

5 **Was denkst du, wie häufig wird ar-Rahman und wie oft ar-Rahim im Qur'an erwähnt?**

- Wie oft sprichst du dies selber an einem Tag aus? Zähle es einmal.
- Was glaubst du, warum sind diese Namen Allahs ﷻ so wichtig?

6 Recherchiere:

- Wähle drei Namen Allahs ﷻ aus der vorigen Seite oder aus dem Vers.
- Frage bei Imamen, deinen Eltern oder anderen Personen nach, ob sie dir nähere Informationen über diese oder eine andere Eigenschaft Allahs ﷻ geben können.
- Stelle die Informationen oder Geschichten deinen Mitschülerinnen und Mitschülern vor.

7 **Schreibe ein Bittgebet und beziehe die Namen Allahs ﷻ ein.**

Die schönen Namen Allahs سبحانه وتعالى – Asma' ullahil-husna

CD Track 4 – Höre dir das Gedicht an!

Es gibt nur EINEN, ganz allein,
ALLAH! Die schönsten Namen sind Sein!

Viele von ihnen sind uns bekannt,
viele von ihnen wurden nie genannt.

Das Paradies dem versprochen ist,
der Seine Namen nie vergisst,

sie bewahrt und nach ihnen lebt,
darum sei auch du bestrebt

nach ihnen zu leben, fleißig und froh,
und merke! Allah weiß dies sowieso!

Ar-Rahman, *ar-Rahiem*, der Barmherzigkeit verschrieben
hat Allah sich denjenigen, die Ihn lieben,

weil ER es so will und entschieden hat,
obwohl Allah keine Verpflichtungen hat.

An jedem Tag, bei jedem Gebet
wiederhole ich *ar-Rahman*, *ar-Rahiem*,
so oft es geht.

Als nächstes *al-Malik*, *al-Quddus*,
der Herrscher, der Vollkommene,
der gibt im Überfluss.

Und *as-Salam*, den Frieden inne hat ER,
den wünsch´ auch du jedem, egal wo und wer.

Al-Mu'min verleiht Sicherheit
zu jeder Stunde, zu jeder Zeit,

al-Muhaimin beschützt, bewacht und bestimmt
über diejenigen, die auf Erden sind.

Al-'Aziz, allmächtig, erhaben ist ER,
Totes zu erwecken fällt Ihm nicht schwer.

Er, dem sich alles unterwirft,
ist *al-Dschabbar*,
auch du wirfst dich nieder beim Gebet, ist ja klar.

Al-Mutakabbir, der Hocherhabene, wie wir Ihn kennen,
wenn wir Ihn in Ehrfurcht mit
„Allahu Akbar" benennen.

Hast du bemerkt, wie schön Allahs Namen sind?
Gut zu verstehen und zu lernen, für jedes Kind!

Dann warte nicht länger, sondern fange gleich an!
Jetzt schon! Und du siehst, wie leicht man Allah kennenlernen kann!

(Ursula Fatima Kowanda-Yassin)

1 Lies das Gedicht und trage die Bedeutung der folgenden Namen in die Tabelle ein. Sprecht anschließend über die Bedeutungen!

al-Malik	
al-Quddus	
as-Salam	
al-Mu'min	
al-Muhaimin	
al-'Aziz	

CD Track 5: „Asma' ullahil-husna", Lied von Mustafa Özcan Güneşdoğdu

2 Höre dem Lied „Asma' ullahil-husna" zu. Welche Ähnlichkeiten erkennt ihr mit dem folgenden Gedicht?

Viele Menschen haben sich mit den Namen Allahs سبحانه وتعالى befasst, auch der deutsche Dichter Johann Wolfgang von Goethe dichtete über Allah سبحانه وتعالى:

„Er, der einzige Gerechte,
Will für jedermann das Rechte:
Sei, von seinen hundert Namen,
Dieser hoch gelobet! Amen."

(Johann Wolfgang von Goethe: West-östlicher Divan. Frankfurt 1981, S. 12)

GA **3** Teilt euch in Gruppen auf und tragt jeweils eine Strophe des Gedichtes vor.

4 Formuliere auch du ein Du'a – Bittgebet – oder ein Lob, bei dem einige Namen Allahs سبحانه وتعالى genannt werden. Wenn du möchtest, kannst du es wie ein Gedicht gestalten.

5 Lerne zehn Namen Allahs سبحانه وتعالى auswendig. Schreibe auf, welche du gewählt hast (auf Arabisch und/oder Deutsch).

6 Bastelt Karten, auf welche ihr die Namen Allahs سبحانه وتعالى schreibt, und schneidet sie aus. Ihr könnt dann zusammen die Namen und ihre Übersetzung spielerisch lernen und üben.

7 Vorstellung der 99 Namen in der Schule: Überlegt euch eine Möglichkeit, wie ihr die Eigenschaften Allahs auf Papier festhalten könnt, um diese dann in der Schule z. B. in Form eines Plakats auszustellen.

Ich lerne meinen Propheten Muhammad ﷺ kennen

Der Prophet steht den Gläubigen näher als sie sich selber.
(Sura 33:6)

ٱلنَّبِىُّ أَوْلَىٰ بِٱلْمُؤْمِنِينَ مِنْ أَنفُسِهِمْ ... ﴿٦﴾

Allah ﷿ hat jemand ganz Besonderen ausgewählt, um uns und allen Menschen den Qur'an und die Sunna zu übermitteln und den Islam zu lehren: unseren geliebten Propheten Muhammad ﷺ. Der Qur'an betont immer wieder den besonderen Rang dieses letzten Gesandten ﷺ – als Prophet, Familienvater, Ehemann, als Vorbild, Leitfigur und Lehrer. Muhammad ﷺ ist zu den Menschen gekommen, um sie an Allah ﷿ und an ihren Sinn im Leben zu erinnern. Er ermutigte die Menschen, Gutes zu tun, und hinderte sie daran, Schlechtes zu tun. Er liebte seine Gemeinschaft und sorgte sich immer um sie. Dabei dachte er nicht nur an die Menschen, die er kannte. Es wird berichtet, dass er eines Tages den Wunsch äußerte, seine Geschwister zu sehen. Als ihn seine Sahaba fragten: „Sind wir nicht deine Geschwister, Gesandter Allahs?“, erwiderte er ﷺ: „Ihr seid meine Gefährten. Mit Geschwistern meine ich diejenigen, die noch nicht gekommen (geboren) sind.“ (Muslim, Ibn Madscha, Nisa'i)
Allah ﷿ hat den Propheten ﷺ auserwählt und fordert die gläubigen Menschen dazu auf, Salawat – Segenswünsche – für den Propheten ﷺ auszusprechen.

1 Lest den Text und markiert Wörter, die ihr als wichtig erachtet.

a) Wen meinte der Prophet ﷺ mit seinen Geschwistern?

b) Wie würdest du den Propheten ﷺ beschreiben? Orientiere dich am Text.

Wahrlich, Allah und Seine Engel segnen den Propheten: O ihr, die ihr glaubt, sprecht den Segenswunsch für ihn und begrüßt ihn mit dem Friedensgruß.
(Sura 33:56)

إِنَّ ٱللَّهَ وَمَلَٰٓئِكَتَهُۥ يُصَلُّونَ عَلَى
ٱلنَّبِىِّ ۚ يَٰٓأَيُّهَا ٱلَّذِينَ ءَامَنُوا۟ صَلُّوا۟
عَلَيْهِ وَسَلِّمُوا۟ تَسْلِيمًا ﴿٥٦﴾

WUSSTEST DU … dass die Bitten zum Segen für den Propheten Muhammad ﷺ – die sogenannten Salawat – von Allah ﷿ zehnfach belohnt werden? (Muslim)

2 Wie lauten die Salawat ganz genau? Sprecht oder singt sie miteinander.

3 Ein Mensch, der den Segenswunsch nicht ausspricht, wenn der Prophet ﷺ genannt wird, wird in einem anderen Hadith als „geizig“ bezeichnet. Was ist damit gemeint? Denke auch darüber nach, welche Auswirkungen der Segenswunsch auf dich selbst hat.

H **4** Kennst du ausgefallene Salawat-Gebete? Sammle sie in deinem Heft.

Lieder über den Propheten ﷺ

CD Track 6–9: Höre den Salawat auf der CD zu.

1 a) Wähle das Lied aus, das dir am besten gefällt, und lies es genauer.
b) Stelle den Inhalt deinen Mitschülerinnen und Mitschülern vor. Kennst du selber noch andere, ähnliche Lieder, evtl. in einer anderen Sprache?

GA **2** Was haben alle Lieder gemeinsam? Diskutiert in der Gruppe.

CD Track 6

Maher Zain: The chosen one

In a time of darkness and greed
It is your light that we need
You came to teach us how to live
Muhammad Ya Rasool Allah

You were so caring and kind
Your soul was full of light
You are the best of mankind
Muhammad Khaira Khalqillah
Sallu 'ala Rasulillah, Habib Al Mustafa
Peace be upon The Messenger
The Chosen One

Übersetzung: Der Auserwählte

In einer Zeit voll Dunkelheit und Gier
Ist es dein Licht, das wir brauchen
Du kamst, um uns zu lehren, wie wir leben sollen
Muhammad Ya Rasool Allah

Du warst so fürsorglich und gütig
Deine Seele war voll Licht
Du bist der Beste der Menschen
Muhammad Khaira Khalqillah
Sallu 'ala Rasulillah, Habib Al Mustafa
Friede sei über dem Gesandten
Dem Auserwählten

Text: Bara Kherigi, entnommen aus: http://www.islamiclyrics.net

CD Track 7

Hor Hazreti Hamza: Da mi je do tebe

Iz ljubavi prema tebi
ja ovaj stih napisah
iz zelje da te vidim
srce ga zapjeva

U san mi dodje ti
al' ti lice nevidim
jedna zelja u meni koja govori

Refrain:
Da mi je do tebe rasule
da mi je do tebe rasule, rasule
Da ti barem lice gledam
raput dragom da se predam
e da mi je do tebe
(...)

Text: Kenan Hadzifeizovic,
entnommen aus: Hor Zazreti Hamza: Putnik, 2010 (CD)

Übersetzung: Ich wünschte, ich wäre bei Dir

Aus Liebe zu Dir
schrieb ich diesen Vers,
aus dem Wunsch heraus, Dich zu sehen,
begann mein Herz zu singen.

Im Traum erschienst Du mir,
doch Dein Gesicht konnte ich nicht sehen.
Ich habe nur diesen einen Wunsch, der lautet:

Refrain:
Ich wünschte, ich wäre bei Dir.
Resulallah*), um Dein gnädiges Gesicht anzusehen,
um mich dem Rabb**) zu ergeben.
Oh, ich wünschte, ich wäre bei Dir.
(...)

Übersetzung: Maisa Pargan
*) bezieht sich auf den Prophet Muhammad ﷺ
**) eine andere Bezeichnung für Allah ﷻ

CD Track 8

Mesut Kurtis: Burdah

Chorus:

Mein Herr, schenke immer und ewig Segen und Frieden,
Deinem Liebling, dem Besten aller Geschöpfe.
Mein Herr, schenke immer und ewig Segen und Frieden,
Deinem Liebling, dem Besten aller Geschöpfe.

Muhammad ist der Edelste der beiden Welten
und der beiden Scharen.

Chorus

Er ist der Geliebte, auf dessen Fürsprache gehofft wird
Er ist der Geliebte, auf dessen Fürsprache gehofft wird
wider all die schrecklichen Dinge, die uns einnehmen im Sturm.

Chorus

Und gewähre dein Wohlgefallen Abu Bakr und 'Umar und Ali und Uthman, dem Noblen und Großzügigen

Chorus

Oh Herr, beim Auserwählten, lass uns erreichen alles,
was wir erhoffen / Oh Herr, beim Auserwählten,
lass uns erreichen alles, was wir erhoffen,
und vergib uns, was vergangen ist, o grenzenlos Großzügiger.

Text: Imam al-Busiry (608-696 n.H. / 1212–1296 n.Chr.)
Übersetzung: Mahmut Martin Kellner

مولاي صلّ وسلم دائما أبدا
على حبيبك خير الخلق كلهم
مولاي صلّ وسلم دائما أبدا
على حبيبك خير الخلق كلهم
محمد سيد الكونين والثقلين
محمد سيد الكونين والثقلين
و الفريقين من عرب و من عجم

مولاي صلّ وسلم دائما أبدا
على حبيبك خير الخلق كلهم
مولاي صلّ وسلم دائما أبدا
على حبيبك خير الخلق كلهم

هو الحبيب الذي ترجي شفاعته
هو الحبيب الذي ترجي شفاعته
لكل هول من الأهوال مقتحم
مولاي صلّ
دائماً ابدا على حبيبك
خير خلق الله كلهم

ثم الرضا عن أبى بكر و عن عمرٍ
ثم الرضا عن أبى بكر و عن عمرٍ
وعن على وعن عثمان ذى الكرم

مولاي صلّ وسلم دائما أبدا
على حبيبك خير الخلق كلهم
يا ربى بالمصطفى بلغ مقاصدنا
يا ربى بالمصطفى بلغ مقاصدنا
و اغفر لنا ما مضى يا واسع الكرم

CD Track 9

Maher Zain: Ya Nabi salam alayka

Ya Nabi salam alayka
Ya Rasool salam alayka
Ya Habib salam alayka
Salawatu Allah alayka

Arap acem hep bir oldu
Kavga düşmanlık son buldu
Sevgi insanlığın dili oldu
Selam sana gözler nuru

Karanlıklar sona erdi
Mazlumların yüzü güldü
Alemlere rahmet indi
Selam sana yüce Nebi
Selam sana ey sevgili

Text: Salah Galal, entn. aus: http://lyricstranslate.com

Übersetzung:

O Prophet, Friede sei mit dir,
o Gesandter, Friede sei mit dir
o Geliebter, Friede sei mit dir
Allahs Segen sei mit dir.

3 Kannst du dichten? Dann schreib ein Lied oder ein Gedicht zum Lob des Propheten ﷺ. Präsentiere es anschließend deiner Klasse.

Dhikr und Du‘a

Dhikr: Nahrung für die Seele!

Siehst du nicht, dass alle Allah preisen, die in den Himmeln und auf der Erde sind, und auch die Vögel mit ausgebreiteten Flügeln? Jeder kennt ja Sein Gebet und Seinen Lobpreis. Und Allah weiß Bescheid über das, was sie tun. (Sura 24:41)	أَلَمْ تَرَ أَنَّ ٱللَّهَ يُسَبِّحُ لَهُۥ مَن فِى ٱلسَّمَـٰوَٰتِ وَٱلْأَرْضِ وَٱلطَّيْرُ صَـٰٓفَّـٰتٍ ۖ كُلٌّ قَدْ عَلِمَ صَلَاتَهُۥ وَتَسْبِيحَهُۥ ۗ وَٱللَّهُ عَلِيمٌۢ بِمَا يَفْعَلُونَ ﴿٤١﴾

1 Im Qur’anvers wird erwähnt, dass alle Geschöpfe Allah ﷿ preisen und loben. Wie schaut das Lob der Tiere und Bäume aus?

LOOK-foto/Reinhard Dirscherl

Fotolia.com/Smileus

Oh ihr, die ihr glaubt! Gedenkt Allahs in häufigem Gedenken und lobpreist Ihn morgens und abends. (Sura 33:41–42)	يَـٰٓأَيُّهَا ٱلَّذِينَ ءَامَنُوا۟ ٱذْكُرُوا۟ ٱللَّهَ ذِكْرًا كَثِيرًا ﴿٤١﴾ وَسَبِّحُوهُ بُكْرَةً وَأَصِيلًا ﴿٤٢﴾

2 Lies den Vers. Welchen Nutzen könnte das häufige Erinnern an Allah ﷿ für uns Menschen haben?
Gibt es bestimmte Positionen oder Situationen, in denen dies leichter fällt als in anderen?

3 Hier findest du einen Vers aus der dritten Sura (190–191).
Suche nach seiner Übersetzung und schreibe sie in die Zeilen.

إِنَّ فِى خَلْقِ ٱلسَّمَـٰوَٰتِ وَٱلْأَرْضِ وَٱخْتِلَـٰفِ ٱلَّيْلِ وَٱلنَّهَارِ لَـَٔايَـٰتٍ لِّأُو۟لِى ٱلْأَلْبَـٰبِ ﴿١٩٠﴾ ٱلَّذِينَ يَذْكُرُونَ ٱللَّهَ قِيَـٰمًا وَقُعُودًا
وَعَلَىٰ جُنُوبِهِمْ وَيَتَفَكَّرُونَ فِى خَلْقِ ٱلسَّمَـٰوَٰتِ وَٱلْأَرْضِ رَبَّنَا مَا خَلَقْتَ هَـٰذَا بَـٰطِلًا سُبْحَـٰنَكَ ... ﴿١٩١﴾

____

____

____

GA **4** Wann gedenkst du Allahs ﷿ und wie? Tauscht euch in der Gruppe aus und berichtet darüber.

Dhikr – Allahs سبحانه وتعالى gedenken, sich Allahs سبحانه وتعالى erinnern

Iman El Sarag, St. Veit an der Glan

Dhikr in seinen unterschiedlichen Formen ist Basis einer persönlichen Beziehung zu Allah سبحانه وتعالى und kann sowohl in der Gemeinschaft als auch im Stillen ausgedrückt werden. Dhikr hilft den Menschen, innere Ruhe in ihren Herzen zu finden, wie es im Qur'an heißt:

Ist es nicht so, dass im Dhikr die Herzen Ruhe finden!
(Sura 13:28)

أَلَا بِذِكْرِ ٱللَّهِ تَطْمَئِنُّ ٱلْقُلُوبُ ٢٨

Dhikr bedeutet, sich an Allah سبحانه وتعالى zu erinnern und Seiner zu gedenken. Dhikr meint unter anderem das Wiederholen und Vortragen Seiner Worte, Seiner Namen oder anderer selbst formulierter Worte.
Alleine das Nachdenken über Allah سبحانه وتعالى gilt als Dhikr.
Anbei einige Beispiele für den Dhikr des Propheten ﷺ:

panthermedia.net/Mohamed Osama

- Allahu Akbar: Allah سبحانه وتعالى ist der Größte
- Alhamdulillah: Alles Lob gebührt Allah سبحانه وتعالى
- La ilaha illallah: Es gibt keinen Gott außer Allah سبحانه وتعالى
- La haula wa la quwata illa billah: Es gibt keine Kraft und keine Macht außer mit Allah سبحانه وتعالى
- Bismillahi-rahmani-rahim: Mit dem Namen Allahs سبحانه وتعالى des Allerbarmers, des Barmherzigen
- Subhanallah: Gepriesen sei Allah سبحانه وتعالى

Hasan und Luca

Hasan und Luca sind auf dem Heimweg. Es hat gerade geregnet und kräftige Sonnenstrahlen dringen durch die Wolkendecke. „Da! Ein Regenbogen!“, ruft Luca. „Und da noch einer!“ Fasziniert bleiben die beiden stehen und bewundern den Himmel. „Subhanallah!“, flüstert Hasan. „Was sagst du da?“, fragt Luca neugierig. Hasan antwortet ihm: „Wenn man etwas Wunderbares oder Besonderes in der Natur sieht, soll man Subhanallah sagen, weil das ein Zeichen dafür ist, wie mächtig Allah ist. Das nennt man auch Dhikr, weil man da an Allah denkt und es auch ausspricht.“

Fotolia.com/andreiuc88

GA

1 Lest gemeinsam die Geschichte von Hasan und Luca. Wie lautete der Dhikr?

2 Erfindet weitere Geschichten aus dem Alltag, in denen ihr Beispiele für Dhikr einbaut. Ihr könnt euch an der obigen Aufzählung orientieren.

3 Was denkst du – wem nutzt der Dhikr: dir oder Allah سبحانه وتعالى? Begründe.

WUSSTEST DU … dass jede Handlung, auch dein Essen, dein Trinken oder dein Schlafen, ein Zeichen von Dhikr sein kann? Es kommt nur auf deine Niyya, deine Absicht, an!

Engel im Wetteifer

Ein Sahabi des Propheten Muhammad ﷺ, Anas ibn Malik رضي الله عنه, berichtete eine wunderschöne Begebenheit. Als nämlich der Prophet ﷺ eines Tages mit seinen Gefährtinnen und Gefährten im Gebet stand, beeilte sich ein Mann, das Gebet mit ihnen zu verrichten. Er stellte sich genau zu dem Zeitpunkt in die Reihe, als sich die Gläubigen gerade vom Rukuu' wieder aufstellten. Der Prophet ﷺ sagte wie immer: „Sami'a Allahu liman hamida – Allah سبحانه وتعالى hört den, der ihn lobpreist."
Da sagte der Mann: „Alles Lob gebührt Allah, ein reichliches, herzliches und aufrichtiges Lob." Dann verrichtete er das Gebet weiter in der Gemeinschaft. Nachdem nun der Prophet ﷺ sein Gebet vollendet hatte, sagte er: „Wer sprach diese Worte?" Keiner meldete sich, und so fragte er noch einmal: „Wer sprach sie? Denn wahrlich, er sagte nichts Schlechtes!"
Jetzt meldete sich der Mann und sagte: „Ich beeilte mich, zum Gebet zu kommen, und sagte sie." Dann sagte der Prophet ﷺ: „Ich sah zwölf Engel, die miteinander wetteiferten, wer sie als Erster niederschreibt."

(Muslim, Abu Dawud, Nisa'i)

1 Lest den Hadith aufmerksam durch und überlegt: Was könnte den Mann bewegt haben, diese Worte zu sprechen?

2 Sammle (auch mit deinen Eltern oder anderen Personen) weitere Beispiele für Dhikr. Schreibe sie hier nieder:

____

____

____

H **3** Formuliere selbst einen Dhikr und schreibe ihn auf.

4 Beobachte in deinem Alltag, wann und wo du Dhikr machen würdest. Erzähle!

5 Ladestation für deinen Iman

Überlege, wie und wann du in deiner Familie einen Dhikr organisieren kannst.
Berichte in der nächsten Stunde über deine Erfahrungen, besonders zu folgenden Punkten:

- Wie lautete dein Dhikr?
- Wie hast du die Stimmung empfunden?
- Wie war es für dich selbst?

Mein Gott allein genügt mir

CD Track 10: „Hasbi Rabbi“, Lied von Sami Yusuf

Hasbi Rabbi – Mein Gott allein genügt mir

Englisch:
O Allah the Almighty
Protect me and guide me
To your love and mercy
Ya Allah don't deprive me
From beholding your beauty
O my Lord accept this plea

CHORUS:
Hasbi rabbi jallallah
Allahu Allah
Ma fi qalbi ghayrullah
Allahu Allah

Hindi:
Wo tanha kaun hai
Badshah wo kaun hai
Meherba wo kaun hai
Kya unchi shan hai
Uskey sab nishan hai
Sab dilon ki jan hai

CHORUS

Türkisch:
Affeder gunahi
Alemin padisahi
Yureklerin penahi
Isit Allah derdimi, bu ahlarimi
Rahmeyle, bagisla gunahlarimi
Hayreyle hem aksam hem sabahlarimi

CHORUS

Arabisch:
يا رب العالمين
صلِّ على طه الأمين
فى كل وقت وحين
املأ قلبى باليقين
ثبتنى على هذا الدين
واغفر لى والمسلمين

CHORUS

picturedesk.com/Khaled Fazaa/AFP

Text: Sami Yusuf, entnommen aus: Sami Yusuf: My Ummah, 2005 (CD)

Dieses Lied hat ein britischer Sänger und Musiker komponiert, der aus Aserbaidschan stammt: Sami Yusuf. Er vereint hier klassische Dhikr-Elemente, die musikalisch interpretiert werden, in verschiedenen Sprachen miteinander.

1 Hört das Lied und versucht, es gemeinsam und mit Sprachkundigen oder Wörterbüchern zu übersetzen.

- Schreibt es dann in der deutschen Übersetzung nieder. Welche Themen werden angesprochen?
- Lernt es und singt es gemeinsam in der Klasse.
- Passt es für dich, wenn ein Dhikr gesungen wird? Begründe!

Nähe zu Allah سبحانه وتعالى durch Bittgebete

Du'a – Bittgebet

Das Bittgebet ist das direkte Gespräch des Menschen mit Allah سبحانه وتعالى, das weder an einen bestimmten Wortlaut noch an eine Tageszeit, eine Sprache oder eine Formulierung gebunden ist.
Jeder Betende kann Allah سبحانه وتعالى mit einem Du'a lobpreisen, Ihm danken, Ihn bitten oder auf Ihn hoffen – und das mit und ohne Worte und in jeder Sprache, ganz frei und ohne jegliche rituelle Einschränkungen. Das Bittgebet öffnet alle Türen, die zu Allah سبحانه وتعالى führen.
Der Prophet ﷺ hob beim Du'a oft seine Hände und viele seiner Bittgebete stammen entweder aus dem Qur'an oder wurden später in einem Hadith überliefert. Viele Muslime folgen dieser Sunna des Propheten ﷺ und heben ihre Hände oft zum Du'a, sprechen die gleichen Worte wie er oder wählen ein zu ihrer Situation passendes Bittgebet.

1 Lies die folgenden Bittgebete des Propheten ﷺ. Überlege, welche Bedeutung sie für dich haben könnten.

2 Kennst du weitere Bittgebete aus dem Qu'ran und der Sunna? Schreibe auf und berichte!

Du'a des Gastes für die Gastgeber:
O Allah, speise denjenigen, der mir zu essen gab, und gib demjenigen zu trinken, der mir zu trinken gab.

Du'a zum Nachdenken:
Allah, hilf mir, oft an Dich zu denken, Dir dankbar zu sein und Dich auf schönste Art und Weise anzubeten.

Du'a beim Aufstehen am Morgen:
O Allah, ich bin erwacht mit Deinen Gaben, in Gesundheit und Sicherheit, so gewähre mir dauerhaft Deine Gaben, Deine Heilung und Deinen Schutz im Diesseits und im Jenseits.

Du'a bei einer Prüfung:
O Allah, es ist nur das leicht, was du leicht gemacht hast, und Du lässt den Kummer schwinden.

Opa im Spital

Meryem legte das Handy weg. Ihre Mutter hatte eben aus dem Krankenhaus angerufen: Ihr Opa war mit einem Herzinfarkt ins Spital eingeliefert worden. Meryems Mutter hatte am Telefon geweint, das war Meryem sehr nahe gegangen. Selten weinte ihre Mutter, und wenn es passierte, fühlte sich Meryem hilflos und traurig. Sie wünschte sich so sehr, ihre Mutter trösten zu können. Plötzlich erinnerte sie sich an die Worte, die Opa ihr immer sagte, wenn sie Angst oder Kummer hatte: „Sprich ein Du'a! Allah hört dich und kann es ganz leicht für dich machen!" Meryem hob ihre Hände und sprach: …

H **3** a) Überlege ein kurzes Bittgebet, das Meryem hier sprechen könnte.
b) Hast du ein Lieblings-Du'a, das du gerne sprichst? Schreibe es ins Heft.

4 Recherchiere oder befrage deine Eltern nach einem weiteren Bittgebet aus dem Qur'an oder der Sunna und schreibe es auf.

____

____

H **5** Formuliere im Heft dein ganz persönliches Bittgebet.

6 Die Antworten auf die folgenden Fragen sind im Buchstabenrätsel versteckt. Finde die Lösungen und schreibe sie auf die Zeilen.

1) Wie heißt das Glaubensbekenntnis im Islam?
2) Wie heißt das arabische Wort, das oft mit „Glaube" übersetzt wird?
3) Mit welchen Worten wird Allah ﷻ gepriesen?
4) Wie lautet die Sura, welche die Einheit Gottes beschreibt? al-...
5) Wie nennt man die 99 Namen Allahs ﷻ noch? Asma' ullahil-...
6) Wie nennt man ein Bittgebet auf Arabisch?
7) Wie nennt man das Bitten um den Segen für den Propheten Muhammad ﷺ?
8) Wie nennt man die Einheit Gottes im Islam?
9) Welche Person wird im zweiten Teil der Schahada genannt?
10) Wie heißt die Übersetzung von Niyya?
11) + 12) Finde zwei Eigenschaften Allahs ﷻ!

					O	A	L	K	R					
			A	G	S	A	L	A	W	A	T			
		M	O	G	M	J	R	A	W	B	D	G		
	S	Y	F	L	U	Y	A	O	K	S	U	P	I	
S	C	J	I	T	H	V	F	N	H	I	A	U	C	K
O	H	E	C	Y	A	L	L	M	A	C	H	T	H	X
X	A	M	H	B	M	E	S	X	L	H	Q	I	L	E
P	H	T	T	L	M	A	U	L	J	T	N	O	A	B
T	A	A	S	M	A	S	V	H	U	S	N	A	S	U
M	D	U	N	P	D	E	S	V	D	D	N	Q	S	
	A	H	P	A	L	L	W	I	S	S	E	N	U	
	X	I	S	U	B	H	A	N	A	L	L	A	H	
		D	N	G	I	M	A	N	D	V	D	T		
			E	O	T	C	K	D	Q	Y	I			
					J	Z	U	W	P	W				

1 ______________________
2 ______________________
3 ______________________
4 ______________________
5 ______________________
6 ______________________
7 ______________________
8 ______________________
9 ______________________
10 ______________________
11 ______________________
12 ______________________

2 QUELLEN DES ISLAM

Was ist eine Quelle?

1 a) Beschreibe die Bilder genauer.

b) Überlege: Was haben die Bilder gemeinsam?

____

____

c) Zeichne im letzten Feld ein weiteres Beispiel und beschreibe es.

Fotolia.com/Perth; Shotshop.com/Volker Rauch; Fotolia.com/Mog DDL; Fotolia.com/UMA; Fotolia.com/Warakorn; Fotolia.com/Friedberg; Fotolia.com/VRD; Fotolia.com/mirpic

Unsere Quellen

1 a) Jede Quelle hat bestimmte Merkmale. Einige dieser Merkmale sind in der Grafik bereits eingetragen. Schreibe ein weiteres Merkmal einer Quelle in das leere Feld.

b) Erkläre anhand der Merkmale die Beispiele der vorigen Seite.

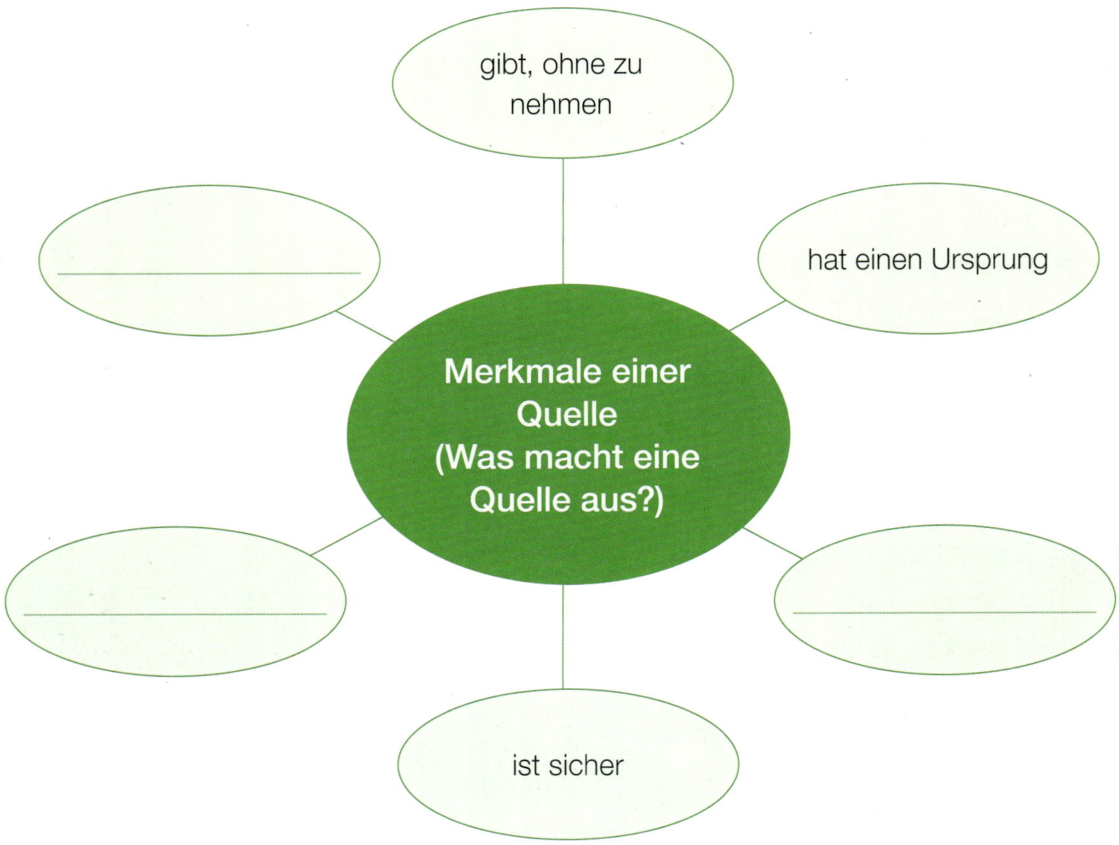

Eine Wasserquelle ist erfrischend und garantiert höchste Qualität. Ähnlich ist es in der Religion: Die Nähe zur Quelle zeichnet die Qualität einer Überlieferung aus.

2 Der Islam hat zwei Quellen, die alle diese Merkmale erfüllen. Wie heißen sie?

Qur'an ______ Hadith Sunna ______

3 Besprich die folgenden Fragen mit deiner Partnerin/deinem Partner! Notiert eure Antworten.

- Was macht den Qur'an zur Quelle?
- Welche Bedeutung hat der Qur'an für dich?
- Hast du einen eigenen Mushaf (ein Qur'an-Exemplar)?
- Hast du auch eine Übertragung des Qur'ans? In welche Sprache und von wem wurde sie übersetzt?
- Wie oft beschäftigst du dich mit dem Qur'an und/oder seinem Tafsir?
- Was macht die Sunna zur Quelle?
- Welche Bedeutung hat die Sunna für dich?
- Kennst du Hadithsammlungen oder andere Bücher, in denen Ahadith überliefert werden? Suche sie und stelle sie der Klasse vor.

Der Qur'an

Der Qur'an (arab. für „das viel Gelesene, Vorgetragene") ist das offenbarte Buch des Islam und zugleich die erste Quelle des Islam. Er ist für Muslime eine Quelle der Kraft ihres Glaubens, ihres Vertrauens in Allah ﷻ und ein Wegweiser, der ihnen aufzeigt, wie ein erfülltes und erfolgreiches Leben gestaltet werden kann.

Um Hinweise zu geben, wie die Menschen dem göttlichen Willen entsprechend leben sollen (Rechtleitung), wurden dem Propheten ﷺ immer wieder einzelne Ayat (Verse) herabgesandt. Das geschah über einen Zeitraum von 23 Jahren. Die Gelehrten fanden dafür mehrere Gründe:

1) Dies gab Muhammad ﷺ in unterschiedlichen Situationen immer wieder neue Kraft.
2) Die Gläubigen wurden nicht mit schwierig umzusetzenden Regeln abgeschreckt, sondern erhielten stufenweise das Verständnis für verschiedene Situationen.
3) Das Verstehen, Umsetzen und Auswendiglernen des Qur'an wurde den Gläubigen dadurch erleichtert.

Fotolia.com/Eray

Ta-Ha. Wir haben dir den Qur'an nicht hinabgesandt, um dich unglücklich zu machen, sondern nur als Erinnerung für alle, die gottesbewusst sind. Eine Offenbarung von Ihm, Der die Erde und die hohen Himmel erschaffen hat.
(Sura 20:1–4)

بِسْمِ ٱللَّهِ ٱلرَّحْمَٰنِ ٱلرَّحِيمِ
طه ۝١ مَآ أَنزَلْنَا عَلَيْكَ ٱلْقُرْءَانَ لِتَشْقَىٰٓ ۝٢
إِلَّا تَذْكِرَةً لِّمَن يَخْشَىٰ ۝٣ تَنزِيلًا مِّمَّنْ
خَلَقَ ٱلْأَرْضَ وَٱلسَّمَٰوَٰتِ ٱلْعُلَى ۝٤

- Jedes Wort im Qur'an ist von Allah ﷻ herabgesandt worden. Es wurde dem Propheten Muhammad ﷺ durch den Engel Dschibril übermittelt.
  Die Sprache des Qur'an ist Arabisch; diese Sprache war zum Zeitpunkt der Offenbarung schon hochentwickelt. Der Qur'an ist unübersetzbar, da er die herabgesandten Worte Allahs ﷻ enthält. Es gibt aber Bemühungen, die Inhalte des Qur'ans in vielen Sprachen der Welt wiederzugeben.

- Die ersten Verse des Qur'an wurden im Jahre 610 offenbart. Allah ﷻ beschützt den Qur'an vor jeglicher Veränderung – er ist bis heute unverfälscht überliefert.

- Qur'an ist ein arabisches Wort und bedeutet: Lesen, das Gelesene, das Rezitierte, der Vortrag. Der Qur'an hat viele andere Namen, sehr bekannt sind folgende:
  - **al-Kitab** (das Buch)
  - **adh-Dhikr** (die Erwähnung, Ermahnung, Erinnerung)
  - **al-Furqan** (die Unterscheidung)
  - **an-Nur** (das Licht)
  - **al-Huda** (die Rechtleitung)

- Genauere Erklärungen zu den Inhalten des Qur'an findest du in sogenannten Qur'an-Kommentaren (arab. Tafsir).

WUSSTEST DU … dass es bis heute in vielen Städten besonders schön gestaltete Qur'an-Manuskripte gibt? Etwa in London, Basra, Kufa, Mekka und Damaskus.

Handgeschriebener Qur'an

GA **1** Bringe einen Mushaf in die Islamstunde mit und bearbeite die Fragen und Aufgaben mit einer Partnerin / einem Partner. Schreibe deine Antworten auf.

a) Beschreibe den Mushaf (Farben, Größe, Seitenanzahl, Muster).

---

b) Betrachte die erste Seite. Was kannst du erkennen (Farbe, Muster, Sprache)?

---

c) Sind alle Seiten wie die erste Seite?

---

d) Wie ist das Ende eines Verses gekennzeichnet?

---

e) Was steht am Beginn einer Sura?

H **2** Vergleicht verschiedene Übersetzungen der Sura al-Ichlas. Welchen Schluss ziehst du aus dem Vergleich?

3 Qur'anrecherche

Suche in deinem Qur'an die Sura al-'Alaq, Verse 1–5, und schreibe sie unter den arabischen Text. Es sind die ersten Worte des Qur'an, die herabgesandt wurden.

بِسْمِ ٱللَّهِ ٱلرَّحْمَٰنِ ٱلرَّحِيمِ

ٱقْرَأْ بِٱسْمِ رَبِّكَ ٱلَّذِى خَلَقَ ﴿١﴾ خَلَقَ ٱلْإِنسَٰنَ مِنْ عَلَقٍ ﴿٢﴾

ٱقْرَأْ وَرَبُّكَ ٱلْأَكْرَمُ ﴿٣﴾ ٱلَّذِى عَلَّمَ بِٱلْقَلَمِ ﴿٤﴾

عَلَّمَ ٱلْإِنسَٰنَ مَا لَمْ يَعْلَمْ ﴿٥﴾

Sura ____________, Ayat: ____________

1 ______________________

2 ______________________

3 ______________________

4 ______________________

5 ______________________

CD Track 11 und 12: Sura al-'Alaq 1–5 arabisch und deutsch

4
a) Höre dir die Ayat an und sprich sie nach.
b) Lerne die Ayat und ihre Bedeutung.
c) Welche Bedeutung haben die Verse für dich?

CD Track 13: „Iqra' – Lies im Qur'an!" von Ammar114

GA **5** Der deutsch-äthiopische muslimische Musiker Ammar114 hat sich von diesen Versen inspirieren lassen und einen Rap dazu gedichtet.

a) Hört euch das Lied „Iqra' – Schlag den Qur'an auf und lies ..." an und versucht es anschließend zu singen oder zu sprechen. Die Lyrics erhaltet ihr von eurer Religionslehrerin / eurem Religionslehrer.
b) Worüber rappt der Künstler?
c) Was, denkt ihr, könnte der Zusatz „114" beim Namen von Ammar114 bedeuten? Auf seiner Homepage findest du die Lösung.

____

d) Erinnert ihr euch noch an die Geschichte der ersten Offenbarung des Qur'an? Besprecht euch in der Gruppe und präsentiert eure Ergebnisse.

Aufbau des Qur'an

Sūra 84 al-Inšiqāq *Ǧuz' 30*

34. Heute aber lachen diejenigen, die glauben, über die Ungläubigen,
35. auf überdachten Liegen (gelehnt), und blicken um sich.
36. Sind die Ungläubigen nicht doch belohnt worden für das, was sie zu tun pflegten?

Sūra 84 al-Inšiqāq
Das Sichspalten

Im Namen Allahs, des Allerbarmers, des Barmherzigen

1. Wenn der Himmel sich spaltet
2. und auf seinen Herrn hört – und es ist ja rechtens für ihn –,
3. und wenn die Erde ausgedehnt wird
4. und herauswirft, was in ihr ist, und sich entleert
5. und auf ihren Herrn hört – und es ist ja rechtens für sie ...
6. O du Mensch, du mühst dich hart zu deinem Herrn hin[1], und so wirst du Ihm begegnen.
7. Was nun jemanden angeht, dem dann sein Buch in seine Rechte gegeben wird,
8. der wird einer leichten Abrechnung unterzogen,
9. und er wird erfreut zu seinen Angehörigen zurückkehren.
10. Was aber jemanden angeht, dem sein Buch hinter seinem Rücken gegeben wird,
11. der wird nach Vernichtung rufen[2]
12. und der Feuerglut ausgesetzt sein.
13. Er war ja froh inmitten seiner Angehörigen.
14. Er meinte ja, daß er nicht zurückkehren würde.
15. Ja doch! Gewiß, sein Herr sieht ihn wohl.
16. Nein! Ich schwöre beim Abendrot
17. und der Nacht und dem, was sie zusammentreibt,
18. und dem Mond, wenn er voll geworden ist.
19. Ihr werdet[3] eine Schicht nach der anderen besteigen.
20. Was ist denn mit ihnen, daß sie nicht glauben
21. und, wenn ihnen der Qur'ān vorgelesen wird, sich nicht niederwerfen?
22. Aber nein! Diejenigen, die ungläubig sind, erklären (ihn) für Lüge.
23. Doch Allah weiß sehr wohl, was sie (in ihren Herzen) für sich behalten.
24. So verkünde ihnen schmerzhafte Strafe,

---

[1] Auch: für deinen Herrn.
[2] Auch: der wird rufen: „O (meine) Vernichtung „– bzw.:" (mein) Verderben!"
[3] Andere Lesart: Du wirst eine (Himmels)schicht ... besteigen.

589

(Der edle Qur'an. Übersetzung von Abdullah as Samit Frank Bubenheim und Nadeem Elyas. Al-Madina al-Munauwara: König-Fahd-Komplex zum Druck vom Qur'an 2007)

H **1** Es gibt viele verschiedene Übersetzungen des Qur'an ins Deutsche. Welche Übersetzungen kennst du? Recherchiere mit deiner Sitznachbarin / deinem Sitznachbarn und schreibe fünf Übersetzerinnen / Übersetzer auf.

2 Schlag deinen eigenen Qur'an auf. Findest du die gleichen Zeichen und Einteilungen?

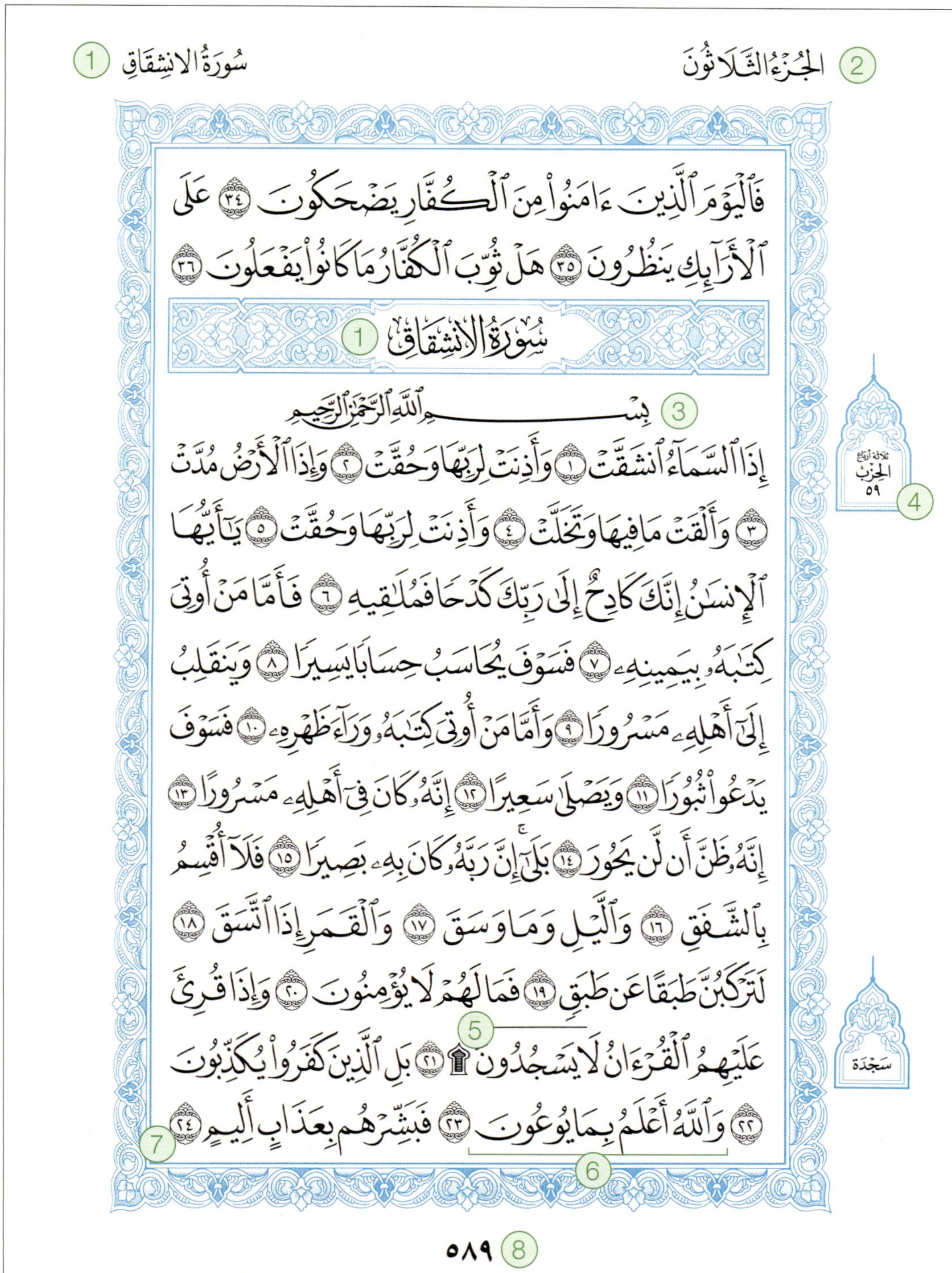

König-Fahd-Komplex zum Druck vom Qur'an, al-Madina al-Munawwara, 2007 / Der edle Quran

H **3** Findest du Zeichen oder Merkmale, die hier nicht genannt werden? Erforsche ihre Bedeutung und schreibe sie auf.

1. Name der Sura
2. Dschuz': Es gibt 30 Dschuz' (Ǧuz')
3. Bismillah: Beginn einer Sura
4. Hizb: Die Hälfte eines Dschuz'
5. Sadschda (= Niederwerfung)
6. Eine Aya: Vers einer Sura
7. Mit der Nummer der Aya wird zugleich das Ende der Aya gekennzeichnet
8. Seitenangabe

Die Einteilung des Qur'an

- Der Qur'an ist Allahs wortwörtliche Offenbarung, die dem Propheten Muhammad ﷺ über den Engel Dschibril im Lauf von 23 Jahren offenbart wurde. Bei manchen Versen wurde überliefert, wann und in welchem Kontext sie offenbart wurden (Asbabun-Nuzul).
- Der Qur'an besteht aus 114 Suren. Die Suren sind unterteilt in Ayat. Eine Sura hat zwischen 3 und 286 Ayat. Insgesamt befinden sich im Qur'an 6236 Ayat auf ca. 600 Seiten. Die Reihenfolge des Qur'an wurde dem Propheten Muhammad ﷺ vom Engel Dschibril mitgeteilt.
- Der Qur'an wird zur leichteren Lesbarkeit in 30 Dschuz' eingeteilt. Jeder Teil hat ca. 20 Seiten, wobei ein Hizb die Hälfte eines Dschuz' darstellt.
- Jede Sura (außer der 9.) beginnt mit „Bismillah". Die erste Sura im Qur'an heißt al-Fatiha und die letzte heißt an-Nas. Die längste Sura ist al-Baqarah und die kürzeste al-Kauthar.

1 Fülle die Lücken aus.

Die längste Sura im Qur'an heißt ____________________ und hat _______ Ayat.

Die kürzeste Sura im Qur'an heißt ____________________ und hat _______ Ayat.

Die erste Sura im Qur'an heißt ____________________, die letzte heißt ____________________.

2 Manche Qur'anübersetzungen haben ein alphabetisches Themenregister. Schau nach, welche Themen darin vorkommen. Wähle ein Thema aus und suche die Verse heraus. Lies sie und beschreibe in eigenen Worten, was du gelesen hast.

H **3** Suche in einer Übersetzung die Sura ar-Rahman heraus und lies sie mit deiner Sitznachbarin/deinem Sitznachbarn bis Vers 28. Schreibt heraus, welche Themen hier angesprochen werden.

CD Track 14: Sura ar-Rahman, arabisch

4 Nun weißt du schon eine Menge über den Qur'an. Schließe deine Augen und lass den Qur'an auf dich wirken, während du der Qur'an-Rezitation lauschst. Beantworte anschließend folgende Fragen:

- Woran hast du gedacht? Wie ist es dir dabei ergangen?
- Welche Wirkung hat der Qur'an auf dich gehabt?
- Wo hast du schon einmal den Qur'an gehört?
- Kennst du die Regeln für die Qur'anrezitation?
  Hast du selbst schon einmal aus dem Qur'an rezitiert/vorgelesen?

Qur'an-Kreuzworträtsel

1 Beantworte die Fragen, ergänze die Aussagen über den Qur'an und vervollständige das Kreuzworträtsel.

1) Allah سبحانه وتعالى heißt auf Deutsch …
2) Der Qur'an ist für uns Menschen eine …
3) Was bedeutet Qur'an u. a. noch? Das …
4) Wie viele Jahre hat die gesamte Offenbarung gedauert?
5) Welchen Beinamen hat der Qur'an noch?
6) Wie beginnt jede Sura mit Ausnahme der 9. im Qur'an?
7) Wie nennt man einen Vers im Qur'an auf Arabisch?
8) Wie lautet das erste offenbarte Wort des Qur'an?
9) Wem wurde der Qur'an offenbart?
10) Durch welchen Engel wurde der Qur'an offenbart?
11) Wovor bewahrt Allah سبحانه وتعالى den Qur'an? Vor …
12) Wie nennt man die genaueren Erklärungen zu den Inhalten des Qur'an?
13) In welcher Sura werden besonders viele Namen und die Einzigartigkeit Gottes beschrieben?
14) Die Hälfte eines Dschuz' ist ein …
15) Wie heißt die erste Sura im Qur'an? Sura al-…
16) Wie heißt die längste Sura im Qur'an? Sura al-…
17) In einigen Städten gibt es noch sehr alte Niederschriften des Qur'an. Eine der Städte heißt …
18) Wofür steht das Sadschda-Zeichen im Qur'an?
19) Wie viele Dschuz' hat der Qur'an?
20) Was bedeutet der Name der Sura al-Ichlas auf Deutsch?

Lösung: 1. GOTT 2. QUELLE 3. GELESENE 4. DREIUNDZWANZIG 5. FURQAN 6. BISMILLAH 7. AYA 8. IQRA 9. MUHAMMAD 10. DSCHIBRIL 11. VERÄNDERUNGEN 12. TAFSIR 13. HASCHR 14. HIZB 15. FATIHA 16. BAQARA 17. MEKKA 18. NIEDERWERFUNG 19. DREISSIG 20. AUFRICHTIGKEIT

Qur'an-Pass

Allahs Gesandter ﷺ hat gesagt: „O ihr Leute des Qur'an! Benutzt den Qur'an nicht als Kopfkissen, sondern tragt ihn bei Tag und bei Nacht auf angemessene Weise vor, verbreitet ihn, rühmt ihn und denkt über das nach, was in ihm steht, vielleicht werdet ihr erfolgreich sein. Und versucht nicht voreilig Lohn durch ihn zu erlangen! Denn in ihm liegt großer Lohn!"

(Baihaqi)

Du weißt nun, dass der Qur'an eine wichtige Rolle im Leben der Muslimas und Muslime einnimmt. Bemühe dich darum, jeden Tag ein wenig mehr vom Qur'an zu lernen und zu verstehen. Jede Aya bringt Belohnung – sie zu verstehen hilft uns, erfolgreich und erfüllt nach dem Qur'an zu leben.

Die Tabelle kann dir helfen, dies besser zu planen und deinen Fortschritt zu überprüfen.

1 Nimm dir 7 Wochen lang vor, jede Woche eine Sura zu lesen oder zu lernen, und trage in die Tabelle ein.

QUR'AN-PASS
Mein persönlicher Lese- und Lernplan

Sura	Aya	Datum: Beginn des Lernens	Zieldatum: Lernen beendet

Der Qur'an zeigt mir den besten Weg ...

1 **Lest die Geschichte aufmerksam durch. Sie wurde vor fast 100 Jahren von dem österreichischen Schriftsteller Leopold Weiss bzw. Muhammad Asad in Berlin verfasst.**

Eines Tages im September 1926 fuhren Elsa und ich mit der Berliner Untergrundbahn, und zwar in einem Abteil zweiter Klasse. Uns gegenüber saß ein gut gekleideter Mann – offenbar ein wohlhabender Geschäftsmann – mit einer schönen Aktenmappe auf dem Schoß und einem Brillantring am Finger. (...) Als ich jedoch auf sein Gesicht blickte, da kam es mir vor, als sei dieser Mensch nicht glücklich. Er schien irgendwie bedrückt zu sein – und nicht nur bedrückt, sondern ausgesprochen unglücklich: Seine Augen starrten leer vor sich hin und die Mundwinkel waren scharf eingezogen, wie im Schmerz – aber nicht in körperlichem Schmerz. Da ich nicht aufdringlich sein wollte, wandte ich meine Augen ab und sah mir die elegante Dame neben ihm an. Auch sie trug einen sonderbar unglücklichen Ausdruck im Gesicht, als dächte sie an irgendetwas, das ihr Pein bereitete; um ihre Lippen lag ein gefrorenes, zweifellos gewohnheitsmäßiges Lächeln, dass einen wie verhaltenes Weinen anmutete. Und dann schaute ich mir die anderen Gesichter im Abteil an – Gesichter, die ausnahmslos gut angezogenen, gut genährten Menschen gehörten: Und fast in jedem von ihnen lag ein Ausdruck verborgenen Leidens, so verborgen, dass der Besitzer oder die Besitzerin des Gesichts keine Ahnung davon zu haben schien. (...)

Als wir nach Hause zurückkamen, fiel mein Blick auf ein offenes Buch auf dem Schreibtisch: den Koran, in welchem ich am Morgen gelesen hatte. Mechanisch griff ich das Buch auf, um es fortzulegen; aber da (...) wurde ich der Zeilen gewahr:

Besessen seid ihr von der Gier nach Mehr und Mehr,
Immerfort, bis ihr in eure Gräber hinabsteigt.
O, einmal werdet ihr es schon wissen!
O, einmal werdet ihr es schon wissen!
O, wenn ihr es doch mit dem Wissen der Gewissheit wüsstet,
Würdet ihr der Hölle um euch gewahr.
Über eine Weile jedoch werdet ihr sie mit dem Auge der Gewissheit gewahren:
Und an jenem Tag wird man euch befragen,
Was ihr mit dem Gnadengeschenk des Lebens getan habt. (Anm.: Sura 102)

Einen Augenblick lang war ich sprachlos. Meine Hände, die das Buch hielten, zitterten. Dann reichte ich es Elsa: „Lies das. Ist es nicht eine Antwort auf das, was wir in der Untergrundbahn sahen?"

Es war in der Tat eine Antwort: (...) so entscheidend, dass es nunmehr keinen Zweifel mehr für mich gab. Ich wusste mit vollkommener Gewissheit, dass ich ein von Gott eingegebenes Buch in meiner Hand hielt: Denn obwohl es den Menschen vor dreizehn Jahrhunderten offenbart worden war, nahm es deutlich etwas vorweg, das erst jetzt, in diesem komplizierten, mechanisierten (...) Zeitalter in Erscheinung zu treten vermochte. (...)

Dies war nicht die Weisheit eines Menschen. Wie weise er auch gewesen sein mochte: Jener Mann der fernen Vergangenheit im fernen Arabien konnte unmöglich aus sich selbst heraus die Qual vorausgesehen haben, die dem zwanzigsten Jahrhundert ihren Stempel aufdrückte. Aus dem Koran sprach eine Stimme, größer als die Stimme Muhammads ...

(Muhammad Asad: Der Weg nach Mekka. Düsseldorf: Patmos Verlag 2009)

CD Track 15: Ihr könnt euch die gesamte Geschichte auch anhören.

2 **Was hat Leopold Weiss am Qur'an so überrascht und auch fasziniert, dass er anschließend den Islam annahm? Seither nannte er sich Muhammad Asad.**

Qur'an und Sunna gehören zusammen

In dem Gesandten Allahs habt ihr wirklich ein schönes Beispiel für jeden, der auf Allah und den Jüngsten Tag hofft und Allahs häufig gedenkt. (Sura 33:21)

لَّقَدْ كَانَ لَكُمْ فِي رَسُولِ ٱللَّهِ أُسْوَةٌ حَسَنَةٌ لِّمَن
كَانَ يَرْجُوا۟ ٱللَّهَ وَٱلْيَوْمَ ٱلْءَاخِرَ وَذَكَرَ ٱللَّهَ كَثِيرًا ﴿٢١﴾

'A'ischa ﵂, die Frau des Propheten, sagte in Bezug auf das Leben Muhammads ﷺ: „Sein Charakter war der Qur'an."

(Ahmad)

1 Setze den Vers aus dem Qur'an in Bezug zum Hadith:
Was ist ihre gemeinsame Aussage?

a) Was bedeuten beide Texte für dich persönlich?

b) Kennst du Charaktereigenschaften des Propheten ﷺ? Benenne sie.

2 Lies den folgenden Text und unterstreiche wichtige Begriffe. Besprecht den Text.

Die Sunna

Möchten Muslime ein gutes Leben führen, orientieren sie sich am Qur'an. Dort finden sie aber oft keine Details, etwa zum Gebet, zum Fasten oder der Hadsch. Deshalb hat Allah ﷻ auch einen Propheten ﷺ entsandt, der den Qur'an in seinem täglichen Leben umgesetzt und vorgelebt hat. Seine Sahaba nahmen Muhammad ﷺ in allen ihren Angelegenheiten zu ihrem Vorbild. Sie berichteten mündlich und schrieben nieder, was er gesagt, getan oder nur gebilligt hat, damit es der Nachwelt erhalten bleibt. So überlieferten sie sowohl den Qur'an als auch die ihn bestätigende und ergänzende Sunna an die nachfolgende Generation – die sogenannten Tabi'un. Diese wiederum überlieferten sie den nach ihnen kommenden Generationen – und immer so weiter, sodass auch wir heute genau wissen können, was Allah ﷻ in Seinem Buch herabsandte und wie der Prophet Muhammad ﷺ dies verstanden und umgesetzt hat. Der Qur'an und die Sunna wurden beide nicht nur mündlich, sondern auch schriftlich überliefert. Dabei wurde nicht einfach jede Überlieferung akzeptiert – vorher wurde geprüft, ob die Überlieferer die arabische Sprache sehr gut beherrschten, mündig (erwachsen) und ehrlich waren sowie ganz exakt überliefern konnten. Somit wurde gesichert, dass sich keine Fehler einschleichen konnten. Auch heute noch lernen Muslime in aller Welt sowohl den Qur'an als auch die Ahadith auswendig. Auf diese Weise haben wir Muslime mit dem Qur'an und der Sunna zwei sichere und reine Quellen, aus denen wir in allen religiösen Angelegenheiten schöpfen können.

3 Du findest im Qur'an die Verpflichtung zum Gebet, in der Sunna aber ist die genaue Umsetzung angegeben. Suche jeweils Ayat und Ahadith zu dieser Säule des Islam und zu den anderen. Fasse alles in einem Plakat zusammen und präsentiere es der Klasse.

4 Diskutiert miteinander:

- Wie ist die Sunna bewahrt worden?
  Warum achtete man so genau auf die Eigenschaften der Überlieferinnen und Überlieferer?
- Welche Gemeinsamkeiten bzw. Unterschiede haben Qur'an und Sunna?

Methoden der Überlieferung

Ein Hadith besteht aus einem Text, der **Matn** genannt wird, und einer Überlieferungskette, die **Isnad** heißt. Die Überlieferungskette nennt alle Personen, die den Text nacheinander überliefert haben. Islamische Gelehrte haben viele Tausend Ahadith über die Jahre gesammelt und hinsichtlich der Richtigkeit ihrer Überlieferung überprüft. Sie teilen die Ahadith je nach Überlieferungskette folgendermaßen ein:

- **sahih** (gesund, vertrauenswürdig),
- **hasan** (gut, akzeptabel) und
- **da'if** (schwach).

Du weißt jetzt, dass ein Hadith aus zwei Teilen besteht: dem Matn und dem Isnad. Wie konnte gewährleistet werden, dass die Sunna korrekt bewahrt und weitergegeben wurde?

1 Überlege, welche Eigenschaften dir persönlich bei einer Person wichtig sind, um ihr vertrauen zu können und um ihre Informationen als vertrauenswürdig anzunehmen.

Eigenschaften der Überlieferer:
(Du kannst auf Seite 42 nachlesen.)

a) ______________________

b) ______________________

c) ______________________

d) ______________________

IB Verlag Islamische Bibliothek, Köln, 1989: Sahih Al-Buharyy

2 Interviewe deine Eltern, Freundinnen/Freunde, Mitschülerinnen/Mitschüler …:

- Woher wissen wir, dass wir beten müssen? ______________________
- Woher wissen wir, wie und wie oft wir beten? ______________________
- Von wem hast du das Beten gelernt? ______________________
- Suche eine Aya im Qur'an, die auf das Gebet hinweist, und notiere sie hier.

____

H
- Suche einen Hadith, der das Gebet beschreibt, und schreib ihn auf!

H
- Besprecht die Ergebnisse in der Gruppe! Fasst euer Ergebnis in einem Merksatz zusammen. Schreib diesen ins Heft.

Wusstest du … dass die wörtliche Übersetzung des Wortes Hadith „Nachricht, Bericht, Neuigkeit" ist?

Merke dir ...

1) Die Sunna ist die zweite Quelle des Islam. Sie erklärt und ergänzt den Qur'an.
2) Die Sunna beschreibt, wie Muhammad ﷺ gelebt hat, was er gesagt, getan und stillschweigend gebilligt bzw. genehmigt hat.
3) All dies wurde von seinen Sahaba, seinen Gefährtinnen und Gefährten, überliefert und von Gelehrten in Hadithbüchern schriftlich festgehalten.
4) Ein Hadith besteht aus einem Text, Matn genannt, und einer Überlieferungskette, Isnad.

3 a) Wie viele Überlieferer befinden sich bis Buchari und Muslim in dieser Kette?
Anzahl der Überlieferer: ____________

b) Wie wurde der Hadith von Buchari und Muslim weitergegeben?

4 Hier findest du eine grafische Darstellung der Überlieferung von Ahadith.
Trage den nebenstehenden Hadith in die Überlieferungskette ein:

'Abdullah ibn Maslama erzählte uns, dass Malik uns berichtete, von Yahya ibn Said, von Muhammad ibn Ibrahim, von 'Aqlama ibnu Waqqas, von 'Umar Ibn al-Chattab, dass der Gesandte Allahs ﷺ sagte:
„Die Taten sind entsprechend den Absichten ...“
(Buchari, Muslim, Tirmidhi, Abu Dawud, Nisa'i, Ibn Madscha)

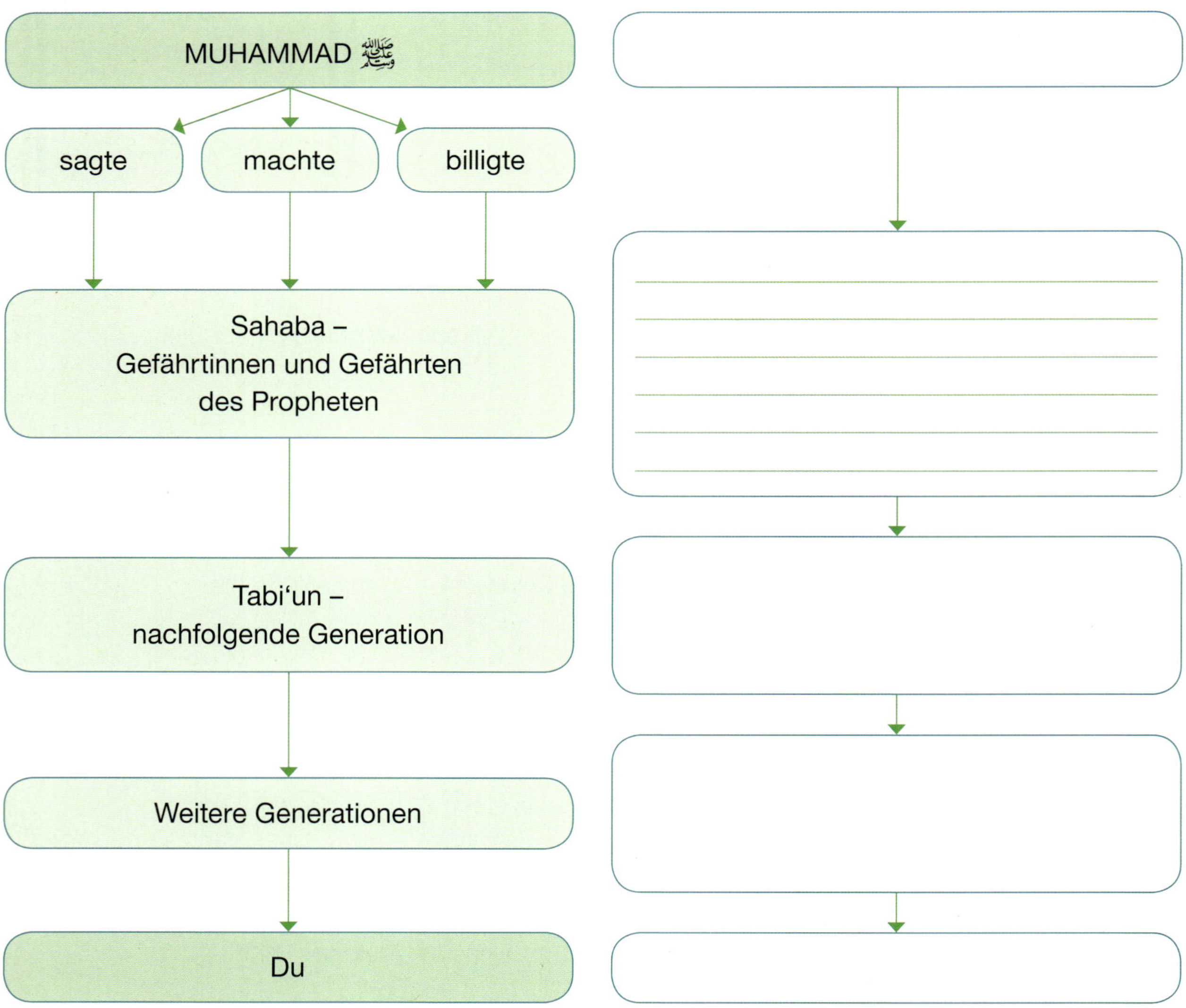

Schätze des Propheten ﷺ

Ihr werdet später noch mehr über die Sira (Lebensgeschichte) des Propheten ﷺ erfahren. Hier findet ihr einige Ahadith, die vom „Miteinander leben“ handeln.

Vom Qur'an

Von 'Uthman Ibn 'Affan ؓ: Allahs Gesandter ﷺ hat gesagt: „Der Beste von euch ist, wer den Qur'an lernt und lehrt.“

(Buchari, Tirmidhi, Abu Dawud, Nisa'i, Ibn Madscha)

Vom Miteinander

Abu Huraira ؓ überliefert, dass der Gesandte Allahs ﷺ sagte: „Wer jemandem eine Sorge von den Sorgen dieser Welt nimmt, dem nimmt Allah ﷻ eine Sorge von den Sorgen des Jüngsten Tages. Und wer einem Bedrängten Erleichterung verschafft, dem verschafft Allah ﷻ in dieser Welt und im Jenseits Erleichterung. Und wer einen Menschen schützt, den wird Allah ﷻ schützen, im Diesseits und im Jenseits. Allah ﷻ steht Seinen Dienern bei, solange Seine Diener ihren Geschwistern beistehen. Keine Gruppe versammelt sich in einem der Häuser Allahs ﷻ, um den Qur'an vorzutragen und ihn miteinander zu studieren, ohne dass innere Ruhe auf sie herabkommt, Barmherzigkeit sie umhüllt, die Engel sie umgeben und Allah ﷻ sie denen gegenüber erwähnt, die bei Ihm sind. Wer durch seine Taten (auf dem Weg zum Paradies) aufgehalten wird, der wird durch seine Herkunft nicht befördert.“

(Muslim, Tirmidhi, Ibn Madscha)

An-Nu'man Ibn Baschir ؓ berichtet, dass der Gesandte Allahs ﷺ sagte: „Das Gleichnis der Muminun in ihrer Liebe, ihrer Barmherzigkeit und ihrem Mitgefühl füreinander ist wie der Körper eines Menschen: Wenn ein Körperteil leidet, so reagiert der ganze Körper mit Schlaflosigkeit und Fieber.“

(Buchari, Muslim)

Vom Krankenbesuch

Von Abu Huraira ؓ: Allahs Gesandter ﷺ hat gesagt: „Wer einen Kranken oder seine Geschwister um Allahs willen besucht, dem ruft ein Rufer zu: Möge es dir wohl ergehen, möge dein Weg leicht sein und mögest du im Paradiesgarten einen Platz einnehmen.“

(Tirmidhi)

1. Wähle einen Hadith und beschreibe in eigenen Worten seine Bedeutung.
2. Wie kann der von dir ausgewählte Hadith im Alltag umgesetzt werden? Erarbeitet Beispiele und stellt sie der Klasse vor.

Wusstest du … dass einige Gelehrte viele Ahadith gesammelt haben und daraus Hadithwerke entstanden sind? Die bekanntesten sind die von Buchari, Muslim und Tirmidhi.

Geschwisterlichkeit im Hadith

> Abu Huraira رضي الله عنه berichtet: Der Gesandte Allahs ﷺ sagte:
> „Ein Muslim hat einem anderen Muslim gegenüber sechs Pflichten (Haqq, Pl. Huquuq): Wenn du ihm begegnest, dann sprich den Friedensgruß. Wenn er dich einlädt, dann nimm die Einladung an. Wenn er dich um Rat fragt, dann gib ihm einen Rat. Wenn er niest und Allah lobpreist, dann sprich für ihn ein Du'a. Wenn er krank ist, dann besuche ihn. Und wenn er stirbt, dann folge seinem Sarg beim Begräbnis."
>
> (Muslim, Tirmidhi, Nisa'i, Ibn Madscha)

1 Hast du schon einmal eine der beschriebenen Situationen erlebt? Berichte!

2 Trage die Pflichten in die Grafik ein.

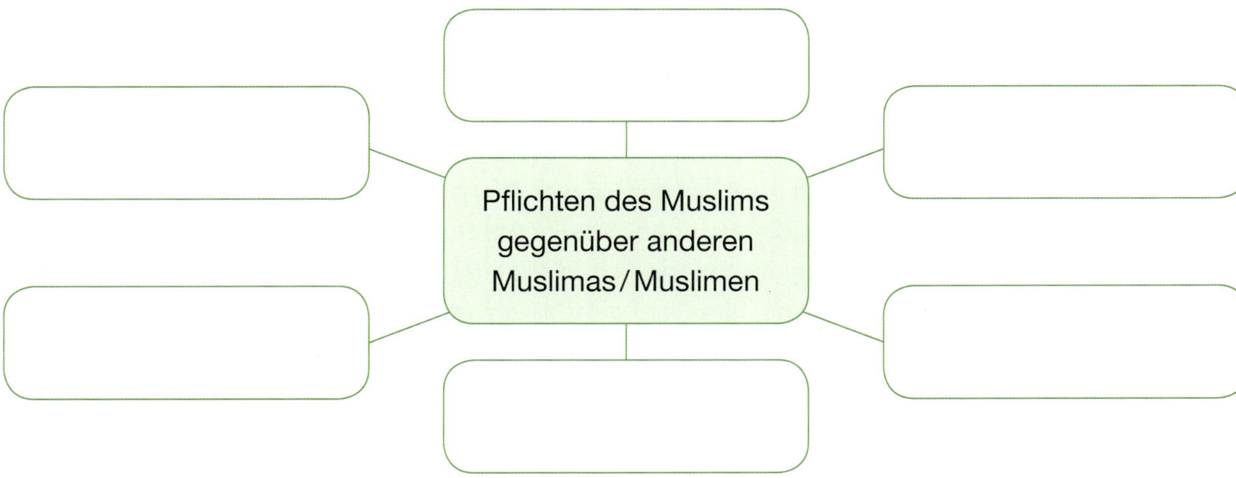

3 a) Deine Religionslehrerin / dein Religionslehrer stellt dir Bücher oder gesicherte Internetquellen bereit. Finde einen Hadith, der für dich eine besondere Bedeutung hat, und schreibe ihn auf:

____

____

____

b) Überlege dir: Warum hast du genau diesen Hadith ausgewählt?

c) Präsentiere den Hadith deinen Mitschülerinnen und Mitschülern und erkläre ihn.

d) Hat die Sunna in deinem Leben eine Bedeutung? Nenne konkrete Beispiele!

____

____

____

e) Besprecht miteinander: Welchen Hadith möchtest du in Zukunft mehr in dein Leben einbauen?

Der Qur'an und die Sunna

„Sunna (... ist das) Beispiel, das uns der Prophet durch seine Handlungen und Aussagen gegeben hat. Sein wundervolles Leben erklärt und illustriert lebendig den Qur'an, wir können dem heiligen Buch keine größere Ehre erweisen, als dem Propheten, dem Träger der Offenbarung, zu folgen."

(Muhammad Asad (Übers.: Pierre Dubois): Islam am Scheideweg. Mössingen: Edition Buchara 2007, S. 96)

1 Trage die passenden Nummern ein!

1	Was ist die Sunna?		Der Prophet Muhammad ﷺ.
2	Was ist ein Hadith?		Er besteht aus einem Matn, dem Text, und einem Isnad, einer Überlieferungskette.
3	Wer steht im Zentrum der Sunna?		Eine Überlieferung des Propheten Muhammad ﷺ.
4	Welche Bestandteile hat ein Hadith?		Die Lebensweise des Propheten Muhammad ﷺ mit allem, was er gesagt, getan und gebilligt hat. Sie ist die zweite Quelle des Islam, die den Qur'an erklärt und ergänzt.
5	Die Einteilung der Ahadith hinsichtlich der Verlässlichkeit ihrer Überlieferung erfolgt in …		Buchari, Muslim, Tirmidhi.
6	Die ersten Überlieferer der Sunna sind die …		sahih, hasan und da'if.
7	Die richtigsten und bekanntesten Hadithsammlungen sind von …		Sahaba, die Gefährtinnen und Gefährten des Propheten Muhammad ﷺ.

2 Kreuze an, welche Sätze dem Qur'an und welche der Sunna zuzuordnen sind, und ergänze die Sätze.

	Qur'an	Sunnah
____________ ist das heilige Buch der Muslime.		
____________ ist auf den Propheten Muhammad ﷺ zurückzuführen.		
Im ____________ sind die Worte Allahs ﷻ enthalten.		
„Wir haben ihn wahrlich in der Nacht der Allmacht herabgesandt. Und was lässt dich wissen, was die Nacht des Schicksals ist?" (Sura 97:1–2)		
„Keiner von euch ist gläubig, solange er nicht für seine Geschwister das Gleiche wünscht wie für sich selbst." (Buchari, Muslim)		
____________ ist die beispielhafte und vorbildliche Lebensweise des Propheten Muhammad ﷺ.		
Das, was der Prophet ﷺ gesagt, getan oder stillschweigend geduldet hat.		
Genauere Erklärungen zu den Inhalten findet man im Tafsir.		
Die gesamte Herabsendung hat 23 Jahre gedauert.		
Ein Hadith setzt sich zusammen aus einem Matn und einem Isnad.		
____________ hat 114 Suren.		
____________ ist die zweite Quelle im Islam.		
Andere Namen für ____________ sind: Kitab, Furqan, Dhikr.		
Man unterscheidet bei Ahadith hinsichtlich der Richtigkeit der Überlieferung zwischen sahih, hasan und da'if.		

3 Vergleicht miteinander die Ergebnisse: Wie viele richtige Antworten hast du?

3 MITEINANDER LEBEN

Freunde sind mir wichtig

Wir haben euch zu Völkern und Stämmen gemacht, damit ihr einander kennenlernt.
(Sura 49:13)

وَجَعَلْنَٰكُمْ شُعُوبًا وَقَبَآئِلَ لِتَعَارَفُوٓاْ... ﴿١٣﴾

hmct.wikia.com/20140423

1 Schau dir das Bild an. Lass es auf dich wirken. Was fällt dir dazu ein?

Ubuntu: Ich bin, weil wir sind

Ein Wissenschaftler bot Kindern eines afrikanischen Stammes ein neues Spiel an. Er stellte einen Korb voller Obst in die Nähe eines Baumes und sagte ihnen, wer zuerst dort sei, gewinne die süßen Früchte. Als er ihnen das Startsignal gab, liefen sie alle zusammen, nahmen sich gegenseitig an den Händen, setzten sich dann zusammen hin und genossen ihre Leckereien.

Als er sie fragte, weshalb sie so gemeinsam gelaufen seien, wo doch jeder die Chance hatte, die Früchte für sich selbst zu gewinnen, sagten sie: „Ubuntu, wie kann einer von uns froh sein, wenn all die Anderen traurig sind?"

Ubuntu in der Xhosa-Kultur bedeutet: „Ich bin, weil du bist, und ich kann nur sein, wenn du bist."

(Martin Bartonitz: Ich bin weil wir sind! Ego versus Gemeinschaft. In: http://faszinationmensch.com, 27. 4. 2012)

2 Überlege und beantworte:

a) Warum sind die Kinder gemeinsam gelaufen?
b) Erläutere in eigenen Worten, was „Ubuntu" bedeutet.
c) Hast du einmal eine ähnliche Situation erlebt? Wie haben die Kinder gehandelt? Wie hast du gehandelt?

In Frieden miteinander leben

1 a) Lies den Hadith und überlege, was der Prophet ﷺ mit „Bruder“ meinte. Besprecht es miteinander!

> Der Prophet Muhammad ﷺ sagte:
> „Keiner von euch ist gläubig, bis er für seinen Bruder wünscht, was er für sich selbst wünscht.“
> (Buchari, Muslim, Tirmidhi, Nisa'i, Ibn Madscha)

b) Bedeutet der Hadith, dass meine Wünsche auch für andere gelten sollten?

2 Überlege mit deiner Partnerin/deinem Partner: Gibt es Dinge, die du anderen nicht wünschen würdest? Warum fällt es so schwer, dem Anderen das Gleiche zu wünschen wie sich selbst? Warum hat der Prophet diesen Aspekt so stark betont?

3 Betrachte die Grafik und überlege dir weitere Verhaltensweisen für ein friedliches Miteinander. Schreibe sie in die leeren Kreise.

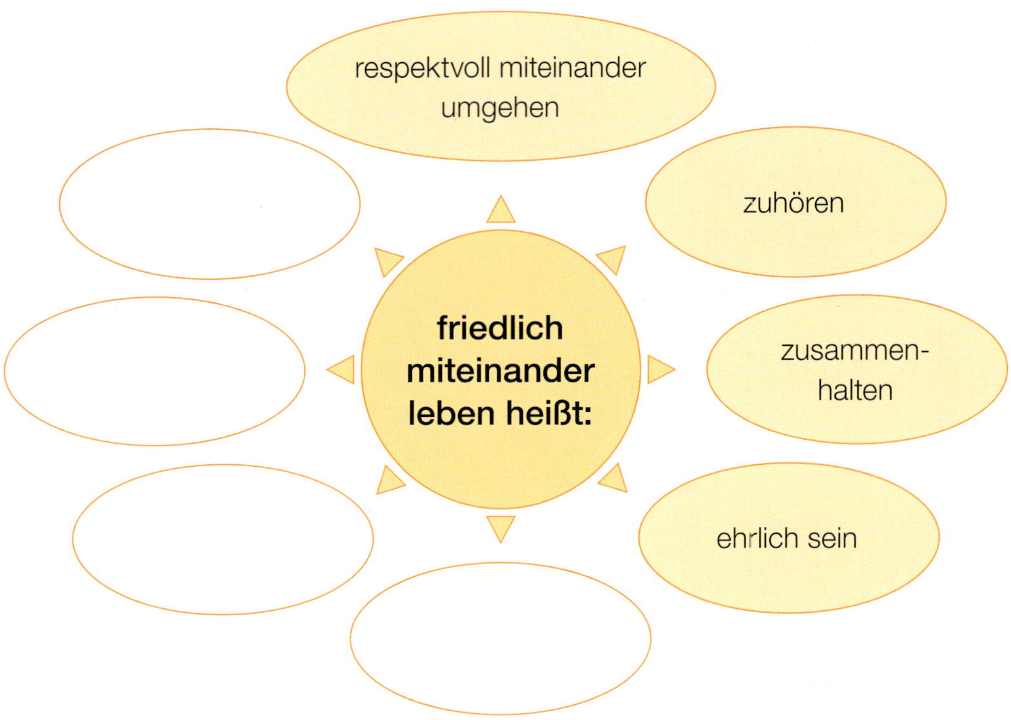

4 Welche dieser Verhaltensweisen lebst du? Male die entsprechenden Kreise an und schreibe ein Beispiel nieder, wann und mit wem du es umgesetzt hast.

5 Meinst du, dass ein guter Charakter angeboren ist?
Wenn nein, wie könnte er entstehen?

WUSSTEST DU … dass unser Prophet ﷺ die besten Charaktereigenschaften verkörpert hat? (vgl. Sura al-Qalam, Vers 14)

6 Lies die Ahadith mit deiner Sitznachbarin/deinem Sitznachbarn und schreibe alle Charaktereigenschaften bzw. Verhaltensweisen heraus.

Der Prophet ﷺ hat gesagt:

„Wenn ihr zu dritt seid, dann sollen nicht zwei miteinander flüstern, bis ihr mehr werdet, denn das macht ihn traurig."
('Abdullah: Buchari, Muslim)

Zu Aschisch Abdul-Qais: „Du hast zwei Wesenszüge, die Allah liebt: Sanftmut und Geduld."
(Ibn 'Abbas: Muslim)

„Zum Islam eines Menschen gehört, dass er von dem ablässt, was ihn nichts angeht."
(Abu Huraira: Ibn Madscha, Tirmidhi)

„Wehe dem, der etwas erzählt und dabei lügt, damit die Leute darüber lachen. Wehe ihm, wehe ihm."
(Mu'awiya bin Haida: Tirmidhi)

„Hütet euch vor Neid, denn der Neid frisst die guten Taten auf, wie das Feuer das Brennholz auffrisst."
(Abu Huraira: Abu Dawud)

„Derjenige gehört nicht zu uns, der nicht mit unseren Kleinen barmherzig ist und unsere Alten nicht achtet."
(Ibn 'Abbas: Tirmidhi)

Wie in den Ahadith erkennbar wird, ist der Charakter eines Menschen durch unterschiedliche gute, neutrale und schlechte Eigenschaften geprägt. Charaktereigenschaften sind allerdings nicht angeboren, sondern erworben. Das heißt, dass sie durch stete Bemühung veränderbar sind. Jeder Mensch kann seinen Charakter weiterentwickeln und verbessern.

H **7** Suche in den Ahadith Charaktereigenschaften, welche der Prophet Muhammad ﷺ besonders betont hat, und trage sie in eine Tabelle wie die folgende ein.
Ergänze die Tabelle dann mit weiteren Eigenschaften.

− Schlechte Charaktereigenschaften	+ Gute Charaktereigenschaften

8 Suche zu jeder negativen Eigenschaft den positiven Gegensatz und überlege dir:
Wie könnte eine negative Charaktereigenschaft verbessert werden?
Berichte in der Klasse darüber.

misstrauisch

egoistisch

selbstlos

respektvoll

respektlos

gleichgültig

vertrauensvoll

interessiert

Verzeihen statt nachtragend sein

Und wenn ihr vergebt und Nachsicht übt und verzeiht, dann ist Allah Allverzeihend, Barmherzig.
(Sura 64:14)

وَإِن تَعۡفُواْ وَتَصۡفَحُواْ وَتَغۡفِرُواْ
فَإِنَّ ٱللَّهَ غَفُورٞ رَّحِيمٌ ١٤

Sara und Fatima

Fatima und Sara waren elf Jahre alt und gute Freundinnen. Sie kannten sich seit der Volksschule, gingen in dieselbe Klasse und verbrachten oft ihre Nachmittage zusammen. Vor drei Monaten hatten sie vereinbart, ihr Taschengeld zu sparen, um damit ins Einkaufszentrum zu fahren. Am kommenden Mittwoch würde es so weit sein. Doch seit einigen Tagen bemerkte Sara, dass Fatima sich in den Pausen immer öfter mit Zaynab unterhielt. Sara machte sich Sorgen. Warum hatte Fatima plötzlich weniger Zeit für sie?

Als der Mittwoch kam, rief Sara gleich in der Früh zu Fatima hinüber: „Vergiss nicht – heute nach dem Essen hol ich dich ab zum Shoppen!" Doch Fatima sagte: „Ich kann heute leider nicht. Ich muss zum Zahnarzt."

Sara war sehr enttäuscht. Den ganzen Vormittag saß sie mit finsterer Miene auf ihrem Platz, doch Fatima schien es gar nicht zu bemerken und lachte stattdessen mit Zaynab über irgendetwas. Fatima spürte einen dicken Kloß im Hals.

Nachmittags hing Sara lustlos in ihrem Zimmer herum. Und das, wo sie sich so auf diesen Tag gefreut hatte! Schließlich gab sie sich einen Ruck: Dann würde sie eben allein ins Einkaufszentrum fahren.

Sara schlenderte im Einkaufszentrum an den Schaufenstern entlang. Doch da erblickte sie plötzlich in einem Schmuckladen – Fatima! Und an ihrer Seite – Zaynab.

Entgeistert starrte Sara durch die Glasscheibe. Dann, noch bevor die beiden sie entdeckten, drehte sie sich um und rannte davon. Sara versuchte gar nicht erst, die Tränen zurückzuhalten.

Zuhause angekommen, warf Sara sich auf ihr Bett und heulte. Aus ihrer Traurigkeit wurde Wut, und aus der Wut wurde Zorn. Sie schimpfte innerlich auf Zaynab. Wie konnte diese es wagen, ihr die Freundin wegzunehmen! Und wie konnte Fatima sie so belügen? Von wegen Zahnarzt! Sara beschloss, Fatima zur Rede zu stellen. Sie überlegte sich genau, was sie sagen würde.

Da klingelte es an der Tür. Sara hörte, wie ihre Mutter öffnete. War das nicht Fatimas Stimme? Jetzt klopfte es an der Tür. Sara blieb stumm. Die Tür ging auf, Fatima steckte den Kopf herein.

„Ich wollte mich bei dir entschuldigen. Zaynab hat dich wegrennen gesehen. Es tut mir leid, dass ich dich heute angelogen habe ..." Sara vergrub den Kopf in den Polster. Als Fatima zu ihr trat und Sara an der Schulter berührte, schüttelte sie ihre Hand weg. „Sara ...", begann Fatima noch einmal. „Lass mich in Ruhe!", schrie Sara. Fatima verließ leise das Zimmer. Und Sara weinte noch viel mehr als zuvor.

1 **Lies die Geschichte und beantworte die Fragen.**

a) Wie könnte die Geschichte weitergehen? Schreibe es auf und lies es vor.
b) Was würdest du tun, wenn du Sara wärst? Was, wenn du Fatima wärst?
c) Schreibe in der Rolle von Sara eine SMS an Fatima, um ihr deine Enttäuschung zu zeigen.
d) Kann eine solche Lüge – wie die von Fatima – verziehen werden?
e) Kann Sara Fatima wieder vertrauen? Begründe deine Meinung, evtl. mit einem Hadith.

2 **Lies den Qur'anvers. Wie könnten Sara und Fatima danach handeln?**

Allah سبحانه وتعالى sagt im Qur'an:

„Wer aber geduldig ist und verzeiht: So ist dies gewiss ein Zeichen von fester Entschlossenheit." (Sura 42:43)	وَلَمَن صَبَرَ وَغَفَرَ إِنَّ ذَٰلِكَ لَمِنۡ عَزۡمِ ٱلۡأُمُورِ ﴿٤٣﴾

3 **Betrachte die Grafik und überlege, wie du die freien Felder füllen könntest. Besprich mit deinen Freundinnen/Freunden: Kann Verzeihen so funktionieren? Wenn ja, warum? Wenn nein, warum nicht?**

Vergeben und vergessen

Menschen sind oftmals so tief verletzt, dass sie diese Verletzung nicht vergessen können. Manche wollen nicht verzeihen, obwohl es ihnen selbst besser ginge, wenn sie anderen vergeben würden. Verzeihen bedeutet nicht, Schwäche zu zeigen; es bedeutet, sich frei zu machen von dunklen Gedanken und unangenehmen Gefühlen. Verzeihen kann geübt und trainiert werden. Wichtig ist, dass wir unsere Gefühle auf respektvollem Weg dem Menschen mitteilen, der uns verletzt hat, und dass wir nicht an unserer Wut und unserem Ärger festhalten. Es hilft oftmals, das Geschehene aus einem anderen Blickwinkel zu betrachten. Wie sieht die Situation aus der Perspektive des Anderen aus? Das hilft oft beim Verstehen. Auch das Gebet hilft uns dabei, verzeihen zu können, denn wir erinnern uns dann wieder daran, dass Allah سبحانه وتعالى jene Menschen liebt, die einander verzeihen.

Freundschaft in Gefahr!

1 Schau dir die Bilder an. Was ist passiert? Berichte.

2 Was kann der Grund dafür gewesen sein, dass Ahmet die Einladung nicht erhalten hat? Wenn Ahmet erfährt, dass es eine Netzstörung war und ihn Aldins Nachricht nie erreicht hat – wie könnte er damit umgehen?

3 Hast du auch schon einmal eine ähnliche Situation erlebt?

4 Wie können die beiden Freunde in dieser Situation handeln? Erarbeitet in Gruppen Vorschläge und stellt sie der Klasse vor. Ihr könnt es auch vorspielen.

Aldin: ____________________

____

____

Ahmet: ____________________

____

____

Muhammad ibn Sirin (islamischer Gelehrter, gest. 110 n. H. / 728 n. Chr.) sagte:
Wenn du etwas Schlechtes über einen Menschen hörst, so suche nach einem Grund, der ihn entschuldigt. Wenn du selber keinen findest, so sage: „Vielleicht hat er einen Grund, den ich nicht kenne."

(Ibn 'Asakir)

5 Lies die folgenden Aussagen genau durch und versuche, weitere bildliche Beispiele für diese Gefühle zu finden.

Schuld zu haben ist, …	Vergebung zu erfahren ist, …
… als müsste ich schwer atmen.	… als würde ich ein Geschenk erhalten.
… als drückte ein Stein auf mein Herz.	… als würde mir ein Stein vom Herzen fallen.

Abu Huraira رضي الله عنه berichtete, dass er den Gesandten Allahs ﷺ Folgendes sagen hörte:
„Bei Allah, ich bitte Allah um Vergebung und wende mich Ihm reumütig zu, mehr als siebzig Mal an jedem Tag."

(Buchari, Nisa'i, Ibn Madscha)

6 a) Lies den Hadith und überlege, warum der Prophet ﷺ so handelte. War ihm nicht schon alles vergeben worden?

b) Nun formuliere selbst eine Bitte um Vergebung bei Allah سبحانه وتعالى. Wenn du willst, kannst du sie auch niederschreiben.

7 Wie geht es dir, wenn du nach einem Streit jemandem die Hände reichen kannst?

Wusstest du … dass es einem Muslim nicht erlaubt ist, mit seinen Geschwistern mehr als drei Tage zerstritten zu sein? Der Bessere von beiden ist, wer den Anderen zuerst grüßt. (Buchari)

Das Doppelte

Ein König reiste einmal mit seinem Gefolge durch das Land und kehrte abends bei einem alten Ehepaar in einer Hütte ein. Das Ehepaar bewirtete den König auf die beste Weise, tischte die köstlichsten Speisen auf und bereitete ihm ein angenehmes Lager. Der König merkte, dass es diesen einfachen und bescheidenen Menschen gut ging. So fragte er sie am nächsten Morgen: „Habt ihr einen Wunsch, den ich erfüllen kann, damit es euch noch besser geht? Aber nur unter einer Bedingung: Euer Nachbar wird dann das Doppelte bekommen." Das Ehepaar dachte kurz nach und sprach dann wie aus einem Munde: „Verabreiche uns 25 Hiebe!"

1 Warum äußerte das Ehepaar diesen seltsamen Wunsch?

- Hatte das Ehepaar genug, um glücklich zu sein?
- Was wäre geschehen, wenn sie sich etwas Gutes gewünscht hätten?
- Hast du schon einmal eine ähnliche Situation erlebt? Berichte.

Hass und Neid sind Gefühle, die Beziehungen zwischen Menschen stark beeinträchtigen und sogar zerstören können. Besonders problematisch ist, dass diese starken Gefühle und Gemütsbewegungen das eigene Bewusstsein so trüben können, dass man Handlungen unternimmt, die man später bereut – oder sogar, dass man bereit ist, Schwierigkeiten zu ertragen, wenn es denn auch den Anderen treffen wird, so wie in der Geschichte. Der Islam verlangt von den Menschen, dass sie ihren Charakter stetig verbessern und sich darum bemühen, schlechte Eigenschaften zu überwinden oder gleich zu vermeiden. Ein Muslim und eine Muslima sollten sich mit jedem Menschen freuen, dem Gutes widerfährt, und niemandem Schaden wünschen oder gar zufügen.

2 Was könnte mit der Aussage des Propheten ﷺ gemeint sein, dass der Neid die guten Taten frisst?

- Hast du schon einmal eine Situation erlebt, in der jemand neidisch auf jemand anderen war? Wenn ja: Warum? Berichte kurz!

____

____

____

- Wie sollte jemand damit umgehen, wenn sie oder er ein Gefühl des Neides im Herzen spürt?
- Was meint ihr: Kann man das Feuer des Neides eigentlich löschen? Wie?

Qabil und Habil

Im Qur'an wird eine Geschichte erzählt, in der einer der Söhne Adams vom Neid und Hass auf seinen eigenen Bruder überwältigt wurde.

Verkünde ihnen wahrheitsgemäß die Geschichte von den zwei Söhnen Adams …
(Sura 5:27)

وَٱتۡلُ عَلَيۡهِمۡ نَبَأَ ٱبۡنَيۡ ءَادَمَ بِٱلۡحَقِّ … ﴿٢٧﴾

1 **Lies die Geschichte. Gib den drei Abschnitten eine Überschrift.**

Nachdem Adam und Hawwa das Paradies verlassen hatten, wohnten sie auf der Erde und lebten von dem, was sie von ihren Feldern ernteten oder in der Wildnis sammelten. Sie hatten viele Söhne und Töchter. Ihnen berichteten sie von Allah سبحانه وتعالى, der die Welt erschaffen hat, und von dem schönen Paradies, in dem sie einst gewohnt hatten. Adam überbrachte seiner Familie Allahs سبحانه وتعالى Offenbarung. Er lehrte sie zu beten und Allah سبحانه وتعالى für das zu danken, womit Er sie versorgt hat. So wuchsen die Kinder auf, hatten selbst Kinder und wurden ein großes Volk.

Unter Adams Söhnen gab es einen, der Qabil hieß, und einen, der hieß Habil. Sie wurden erwachsen, bestellten den Acker und hielten Schafe. Schließlich kam der Zeitpunkt, an dem sie heiraten sollten. Qabil war neidisch auf seinen Bruder und wollte die Frau heiraten, die für Habil bestimmt war. In ihrem Streit besann er sich jedoch und beide einigten sich darauf, Allah ein Qurban, ein Opfer, zu bringen. Der, dessen Opfer angenommen würde, sollte die Frau heiraten.

Da aber Qabils Herz von Streit und Eifersucht vergiftet war, konnte er sich nicht auf Allah سبحانه وتعالى ausrichten und brachte nur sehr halbherzig sein Qurban dar. Es kam, wie es kommen musste, und Allah سبحانه وتعالى nahm nur das Opfer an, das wirklich aufrichtig war und von reinem Herzen kam – das von Habil.

Als Qabil sah, dass sein Qurban nicht angenommen wurde, verwandelte sich sein Neid in offenen Hass. Jetzt sollte also sein Bruder die Frau heiraten, die er heiraten wollte? Um das zu verhindern, sah er nur eine Lösung. Er schrie seinen Bruder an: „Ich werde dich umbringen!"

Sie waren weit draußen auf dem Feld, wo kein Mensch sie hören konnte. Habil erwiderte: „Auch wenn du deine Hand nach mir ausstreckst, um mich zu töten, so werde ich meine Hand nicht nach dir ausstrecken, um dich zu töten. Ich fürchte Allah, den Herrn der Welten." Aber diese Worte konnten Qabil nicht zur Besinnung bringen, in seiner rasenden Wut und seinem Neid erschlug er seinen eigenen Bruder.

Erst dann wurde ihm klar, was geschehen war, und er bereute seine Tat bitterlich.

2 Informiere dich: Was ist ein Qurban?

3 Warum nahm Allah سبحانه وتعالى den Qurban Qabils nicht an?

4 Kennst auch du Situationen, in denen Geschwister aufeinander neidisch sind? Wie können diese Situationen gelöst werden?

WUSSTEST DU … dass Qurban von dem arabischen Wort qarib – nahe – stammt und ein Zeichen der Annäherung an Allah darstellen soll?

5 Durch Neid wurde Qabil kaltherzig, böse und unzufrieden. Neidische Menschen sind blind für ihre eigenen Begabungen und Reichtümer. Am besten kann man Neid also vorbeugen, wenn man sich seiner eigenen Begabungen und Schätze bewusst ist und nicht immer auf die oder den Anderen schaut. Schreibe auf:

Meine Begabungen und Reichtümer sind:

Die Begabungen und Reichtümer meiner Freundin/meines Freundes sind:

6 Schreibe auf, was du deiner besten Freundin/deinem besten Freund gönnen würdest.

Ich gönne dir von ganzem Herzen:

„Seht zu jenen, die unter euch stehen, nicht zu jenen, die über euch stehen. Denn dies bewahrt euch eher davor, die Gnade Allahs ﷻ zurückzuweisen.“
(Muslim, Tirmidhi, Ibn Madscha)

H **7** Lies den Hadith und überlege, was er für dich bedeutet. Schreibe es in dein Heft.

Freundschaft

GA **1** Betrachtet das Bild – was drückt es aus? Überlegt dann:

- Wie würdet ihr den Begriff Freundschaft erklären?
- Was ist für dich das Wichtigste an einer Freundschaft?

„Facebook hilft, mit Leuten in Kontakt zu bleiben, die wir auch im echten Leben kennen. Mehr nicht. Wer glaubt, dass jeder Facebook-Kontakt ein Freund ist, der weiß nicht, was Freundschaft bedeutet."

(Mark Zuckerberg, Gründer von Facebook)

2 Lies dir das Zitat von M. Zuckerberg durch. Stimmst du seiner Meinung zu?

- Was bedeutet ein Online-Kontakt (z. B. Facebook, Whatsapp, Twitter …) für dich?
- Was unterscheidet einen Online-Kontakt von einer Freundin/einem Freund, mit der oder mit dem du etwas unternimmst?
- Wie sollte gehandelt werden, damit eine Freundschaft nicht endet?

Peter Butschkow

Der Prophet Muhammad ﷺ sagte: „Wem Allah etwas Gutes tut, dem schenkt Er einen treuen Freund, der ihn erinnert, wenn er vergisst und der ihm hilft, wenn dieser ihn darum bittet."

(Abu Dawud)

„Wenn jemand seine Geschwister liebt, soll er es ihnen sagen, denn wenn sie es wissen, dass sie geliebt werden, dann lieben sie auch ihn."

(Abu Dawud)

3 In diesen Ahadith findest du Tipps für eine gelingende Freundschaft. Kannst du dir vorstellen, wie du sie umsetzen kannst? Erläutere dies, wenn möglich, mit einem Beispiel aus deinem Leben.

Freundschaftssprüche

GA **1** Wählt einen Spruch aus, bereitet ein Referat dazu vor und haltet es vor der Klasse. Nehmt auch Bezug auf Qur'anverse und Ahadith.

Auch wenn die Freundschaft vergeht, die gemeinsame Erinnerung besteht!

Nicht, was du bist, ist's, was dich ehrt. WIE du es bist, bestimmt deinen Wert!

Der sichere Freund wird im Unglück erkannt.

Ein wahrer Freund erkennt deine Fehler und macht dich darauf aufmerksam. Ein falscher Freund erkennt deine Fehler und macht andere darauf aufmerksam.

Fotolia.com/Markus Bormann

Freunde sind sehr wichtig, doch nicht immer aufrichtig! Drum sieh zu, wer deine Freunde sind, denn sie halten zu dir bei Sturm und Wind!

Der einzige Weg, einen Freund zu haben, ist der, selbst einer zu sein!

Eine Freundin ist wie ein Tagebuch – sie ist immer zu dir offen, wann du willst, und man kann ihr alles anvertrauen!

2 Du kennst sicher noch andere Sprüche zum Thema. Überlege dir bis zur nächsten Stunde zwei weitere Freundschaftssprüche. Frage auch in deinem Bekanntenkreis nach, ob jemand Freundschaftssprüche aus anderen Ländern kennt!

3 Wähle den Spruch aus, der dir am besten gefällt. Schreibe ihn auf und begründe deine Wahl.

Lieblingsspruch: ______________________________

____

Begründung: ______________________________

____

GA **4** Ordne die Ausdrücke auf der Skala ein und vergleiche mit deiner Partnerin / deinem Partner.

der allerbeste Freund ◆ ein guter Bekannter ◆ ein enger Freund ◆ ein entfernter Bekannter ◆ ein guter Freund ◆ der beste Freund ◆ ein Freund

5 Freundschaft bedeutet für jede und jeden etwas anderes.
Versuche, deine eigene Definition für „Freundschaft" zu finden.

Für mich ist Freundschaft

Der Prophet ﷺ sagte:
„Der beste Freund bei Allah ist derjenige, der sich am besten gegenüber seinen Freunden verhält."
(Tirmidhi)

Das Wichtigste an einer Freundschaft ist

____

____

Die Farbe meiner Freundschaft:

____

Ein Leben ohne Freunde ist

____

____

So kann ich Freundschaften schließen:

____

____

Merkmale einer Freundschaft sind:

____

____

Eine Freundschaft kann man pflegen durch

____

____

Das tue ich für meine Freunde:

____

____

6 Denke über deine Freundschaft nach. Was für eine Freundin/Was für ein Freund bist du?

- [ ] anpassungsfähig
- [ ] vertrauenswürdig
- [ ] lustig
- [ ] treu
- [ ] gemein
- [ ] ehrlich
- [ ] aggressiv
- [ ] unverträglich
- [ ] hilfsbereit
- [ ] verantwortungslos
- [ ] großzügig
- [ ] verständnisvoll
- [ ] ______________________
- [ ] ______________________
- [ ] ______________________

7 Diese Eigenschaften soll meine Freundin/mein Freund haben:

- [ ] gut aussehend
- [ ] klug
- [ ] vertrauenswürdig
- [ ] mutig
- [ ] geduldig
- [ ] verständnisvoll
- [ ] lustig
- [ ] wohlhabend
- [ ] ehrlich
- [ ] treu
- [ ] hilfsbereit
- [ ] ordentlich
- [ ] aktiv
- [ ] cool
- [ ] wahrhaftig

Steckbrief: Meine Freundin / Mein Freund und ich

1 Erstelle einen Steckbrief über dich und deine Freundin / deinen Freund.

Ich

Name: ______

Alter: ______

Geburtsdatum: ______

Geburtsort: ______

Geschwister: ______

Hobbys: ______

______

Lieblingsessen: ______

______

Lieblingsbuch: ______

______

Freund/in

Name: ______

Alter: ______

Geburtsdatum: ______

Geburtsort: ______

Geschwister: ______

Hobbys: ______

______

Lieblingsessen: ______

______

Lieblingsbuch: ______

______

So haben wir uns kennengelernt:

______

______

______

Das haben wir gemeinsam:

______

______

______

Das unternehmen wir gemeinsam am liebsten:

______

______

______

Gute Eigenschaften, die meine Freundin / meinen Freund auszeichnen:

______

______

______

Freundschaft heißt: Miteinander aufrichtig sein!

Ein Kalif aus alten Zeiten dachte immer wieder über die wichtigen Fragen des Lebens nach. Besonders beschäftigte ihn das Wesen von Gut und Böse, und so befragte er einen Gelehrten: „Welches sind die wertvollsten Organe des Menschen?“
Die Antwort des Gelehrten ließ nicht lange auf sich warten: „Es sind die Zunge und das Herz!“
Der Kalif dachte eine Zeitlang darüber nach und fragte dann: „Und welches sind die schlechtesten und nutzlosesten Organe?“
Auch jetzt antwortete der Gelehrte umgehend: „Es sind die Zunge und das Herz!“
Erstaunt fragte der Kalif: „Wie kann es sein, dass du mir die Zunge und das Herz als die besten und gleichzeitig auch als die schlechtesten Organe des Menschen nennst? Das kann doch nicht stimmen!“
Der Gelehrte lächelte bescheiden und antwortete: „Wenn die Zunge eines Menschen nur Wahres spricht und sein Herz aufrichtig und rein ist, dann sind Zunge und Herz die wertvollsten Organe des Menschen. Dieser Mensch ist gesund und glücklich. Spricht aber die Zunge Unwahres oder Falsches und ist das Herz eines Menschen betrügerisch und dunkel, so sind diese Organe die schlechtesten Organe dieses Menschen. Sein Inneres ist von dem Streit, den er verursacht, erfüllt, und er ist unglücklich und krank.“

1 Wie äußert sich ein gutes Herz bzw. eine gute Zunge? Nenne drei Möglichkeiten.

2 Wie äußert sich ein schlechtes Herz bzw. eine schlechte Zunge?

3 Lies die Geschichte und denke nach:

- Warum hat der Diener das Herz und die Zunge als beste Organe ausgewählt?
- Was könnte gemeint sein mit dem Satz: Sein Herz ist aufrichtig und rein?
- Fällt dir eine Situation ein, in der ein Mensch aufrichtig war? Erzähle sie.

Kaum ein Mensch mag es, kritisiert und korrigiert zu werden – und erst recht nicht von den Menschen, die er/sie liebt: von seinen Freunden. Von ihnen erwartet jeder Sensibilität und Verständnis. Heißt dies aber, dass man mit ihnen nicht offen sprechen kann? Der Prophet Muhammad ﷺ sagte über die Muslime: „Jeder ist das Spiegelbild seines Bruders, seiner Schwester.“ (Tirmidhi)
Ist es nicht so, dass ich in einem Spiegel alles sehe, das Schöne und das Hässliche? Wie aber kann ich meiner Freundin/meinem Freund sagen, was mir auffällt, ohne dass ich sie/ihn verletze? Eine aufrichtige Haltung unterstützt mich dabei, respekt- und liebevoll auch Dinge zu sagen, die ich nicht in Ordnung finde, oder Dinge, die ich mir vom Anderen wünsche.

1 Lies die folgenden Regeln für einen guten Ratschlag aufmerksam durch und überlege, was damit gemeint sein könnte. Bringe sie dann in die deiner Ansicht nach richtige Reihenfolge. Füge dazu die Zahlen 1–7 in die Kreise ein.

Regeln für einen guten Ratschlag

- ◯ Sag, was du dir von jemandem wünschst.
- ◯ Sei höflich und liebevoll, wenn du einen Rat geben möchtest!
- ◯ Wenn du jemanden auf etwas aufmerksam machen möchtest, dann bitte nur unter vier Augen!
- ◯ Sei freundlich und herzlich, wenn du einen Ratschlag gibst.
- ◯ Überlege dir immer, wann du etwas sagen möchtest – und denke immer daran, wie es der oder dem Anderen damit geht!
- ◯ Halte dich selber an deine eigenen Ratschläge.
- ◯ Vergiss nicht: Bemühe dich bei deinen Gesprächen darum, Allahs سبحانه وتعالى Zufriedenheit zu erreichen!

Der weise Mann

Ein weiser Mann war tief in sein Du'a in der Moschee versunken und bemerkte gar nicht, wie die Menschen sich um ihn versammelten und seine Worte, die er eigentlich nur an Allah سبحانه وتعالى richtete, mithörten. Er rief: „O Allah, erbarme dich jedes Menschen, der mir meine Fehler vor Augen führt!"
Das erstaunte die Umherstehenden und einer konnte es nicht lassen, ihn zu fragen: „Liebst du etwa einen, der dich auf deine Fehler aufmerksam macht?"
Da wandte sich der weise Mann zu ihm und antwortete: „Selbstverständlich, wie sonst sollte ich von ihnen erfahren? Allerdings erwarte ich, dass er dies nicht in der Öffentlichkeit tut, sondern im Stillen unter vier Augen!"

2 Lest die Geschichte und überlegt: Welche Regeln sind in ihr enthalten?

3 Schätzt auch du jemanden, der dich auf deine Schwächen und Fehler aufmerksam macht? Berichte.

4 Ein deutsches Sprichwort lautet: Ratschläge sind auch Schläge!
Überlegt: Was könnte damit gemeint sein? Wie kann ich meiner Freundin/meinem Freund einen Ratschlag erteilen, ohne sie oder ihn mit Worten zu „schlagen"?

5 Stell dir die folgenden Situationen genau vor und überlege, wie sie gut gelöst werden können:

a) Elif trägt seit Kurzem eine Zahnspange. Sie spricht dadurch etwas undeutlicher. Selin aus deiner Klasse macht sich lustig über ihre Aussprache.
Was würdest du Selin gerne unter vier Augen sagen? Formuliere es.

b) Mirjams Leistungen in der Schule haben sich in letzter Zeit verschlechtert. Sie hat ein Nicht genügend auf die Deutschschularbeit bekommen. Jetzt hat sie Angst, es ihren Eltern zu sagen, und möchte die Schularbeit selbst unterschreiben.
Welche Empfehlung gibst du ihr?

c) Harun ist in Mathe sehr gut. Immer wenn Mitschüler einen Fehler machen, lacht er sie aus. Alle ärgern sich darüber. Wie könnte man ihm helfen, diese Schwäche zu überwinden?

GA 6 Wählt eine der vorgestellten Situationen aus und stellt in einer Spielszene eure Ideen dar. Wendet dabei die Regeln von Seite 64 an.

GA 7 Überlege: Welche Empfehlungen, die du in den letzten Wochen bekommen hast, konntest du nicht annehmen? Welche von denen, die du gegeben hast, wurden nicht angenommen?

Der Prophet ﷺ sagte: „Die Religion ist Aufrichtigkeit."
(Buchari, Muslim, Tirmidhi, Abu Dawud, Nisa'i)

- Was könnte mit diesem Hadith gemeint sein?
- Was hat die Aufrichtigkeit mit der Religion zu tun?
- Was ist das Gegenteil von Aufrichtigkeit?
- Erläutere dies anhand eines Beispiels.

Auf mich kannst du zählen!

Stell dir folgende Situation vor:
Du liegst krank im Bett und dir ist langweilig. Du würdest dich freuen, wenn ein Freund kommt und dich aufmuntert. Auf einmal ruft dich dein Freund an und fragt, wie es dir geht und ob du bald wieder in die Schule gehen kannst. Er verspricht dir, am Nachmittag vorbeizukommen, um die Hausaufgaben zu besprechen.

1 Hast du so eine Situation schon einmal erlebt? Wie fühlst du dich in so einem Fall?

____

2 Was machst du, wenn deine Freundin/dein Freund krank ist?

____

3 Versuche, anhand der Zeichen im Kasten den Hadith zu lösen.
Die Zahl mit dem Zeichen zusammen ergibt einen Buchstaben: 1 + ◆ = A

„Ein Muslim hat gegenüber einem anderen Muslim sechs Pflichten …,

1. das Grüßen mit dem islamischen …
2. die Annahme von …
3. das Erteilen von …
4. das Sprechen von Bittgebeten für …
5. das Besuchen von …
6. seinem … zu folgen ."

(Muslim, Tirmidhi, Nisa'i, Ibn Madscha)

	1	2	3	4	5	6
◆	A	Ä	B	C	D	E
★	F	G	H	I	J	K
■	L	M	N	O	Ö	P
✹	Q	R	S	ß	T	U
◗	Ü	V	W	X	Y	Z

Pflicht 1	1 ★	2 ✹	4 ★	6 ◆	5 ◆	6 ◆	3 ■	3 ✹	2 ★	2 ✹	6 ✹	4 ✹
Pflicht 2	6 ◆	4 ★	3 ■	1 ■	1 ◆	5 ◆	6 ✹	3 ■	2 ★	6 ◆	3 ■	
Pflicht 3	2 ✹	1 ◆	5 ✹	3 ✹	4 ◆	3 ★	1 ■	2 ◆	2 ★	6 ◆	3 ■	
Pflicht 4	3 ■	4 ★	6 ◆	3 ✹	6 ◆	3 ■	5 ◆	6 ◆				
Pflicht 5	6 ★	2 ✹	1 ◆	3 ■	6 ★	6 ◆	3 ■					
Pflicht 6	3 ◆	6 ◆	2 ★	2 ✹	2 ◆	3 ◆	3 ■	4 ★	3 ✹	6 ◗	6 ✹	2 ★

Sich um Kranke kümmern

Der Krankenbesuch

Der Besuch von Kranken gehört zu den sechs Pflichten, die einer Muslima / einem Muslim im Umgang mit ihren / seinen Geschwistern vorgeschrieben sind. Der Krankenbesuch ist ein Recht des Kranken, für dessen Erfüllung den Besucher eine große Belohnung bei Allah ﷻ erwartet.

Der Prophet ﷺ sagte:
Wer einen Kranken besucht, dem ruft ein Engel vom Himmel zu: „Du hast gut gehandelt, so möge dein Abend gut sein! Und mögest du deinen Platz im Paradies einnehmen!“

(Tirmidhi, Ibn Madscha)

1 Hast du auch schon Kranke besucht? Erzähle!

2 Erkläre, warum es wichtig ist, Kranke zu besuchen.

Wenn du einen kranken Freund besuchst, sprich das Du'a – das Bittgebet – des Propheten ﷺ für ihn:

أَسْأَلُ اللّٰهَ الْعَظِيمَ رَبَّ الْعَرْشِ الْعَظِيمِ أَنْ يَشْفِيَكَ.

„Ich bitte Allah ﷻ, den Allmächtigen, den Herrn des gewaltigen Throns, dich zu heilen.“ (7-mal)

(Ahmad, Abu Dawud, Tirmidhi)

3 Formuliere selbst ein Du'a und gestalte eine Karte.

Für den Krankenbesuch gibt es bestimmte Anstandsregeln, die der Muslim / die Muslima einhalten soll. Einige davon sind:

- eine ehrliche Absicht haben
- ein Bittgebet zur Heilung sprechen
- eine passende Zeit auswählen
- den Besuch kurz halten

GA **4** Gestalte mit einer Partnerin / einem Partner einen Krankenbesuch nach den Regeln. Spielt ihn vor.

Erzähl mir von dir: Wie feiert ihr?

Für jeden von euch haben Wir ein Gesetz und eine Lebensweise bestimmt. Und wenn Allah es so gewollt hätte, Er hätte euch sicherlich zu einer einzigen Gemeinschaft machen können: Aber Er wollte es anders, um euch zu prüfen durch das, was Er euch gewährt hat. Wetteifert denn miteinander im Tun guter Werke!
(Sura 5:48)

لِكُلٍّ جَعَلْنَا مِنكُمْ شِرْعَةً وَمِنْهَاجًا ۚ
وَلَوْ شَآءَ ٱللَّهُ لَجَعَلَكُمْ أُمَّةً وَٰحِدَةً
وَلَٰكِن لِّيَبْلُوَكُمْ فِى مَآ ءَاتَىٰكُمْ ۖ فَٱسْتَبِقُوا۟
ٱلْخَيْرَٰتِ ... ﴿٤٨﴾

Feste im Judentum, Christentum, Islam und Buddhismus

1 In welcher Religion wird hier gefeiert? Schreibe es darunter.

Asma Ajad, Wien

Fotolia.com/Noam

Alamy/NickoCulture

picturedesk.com/Sari Gustafsson/Lehtikuva

2 Überlege und beantworte:

a) Welche dieser Feste kennst du?

b) Welche Feiertage kennst du in deiner Religion und welche Bedeutung haben sie?

c) Welche Festtage kennst du in anderen Religionen?
Wann und wie werden sie gefeiert?

WUSSTEST DU ... dass „Fest“ auf Arabisch ʻId und auf Türkisch Bayram heißt?

3 Höre dir die Erzählungen über drei Feste an und berichte anschließend kurz über einen Feiertag aus deiner eigenen Religion.

Feste im …

JUDENTUM

Rebekka aus Tel Aviv erzählt:

Freitagabend, wenn es langsam dunkel wird, beginnt für uns Juden der Schabbat. Unsere ganze Familie trifft sich dann oft auch mit Freunden und Verwandten zum gemeinsamen Abendessen. Wir begrüßen uns mit „Schabbat Schalom" und setzen uns an den festlich gedeckten Tisch. Schon vorher hat unsere Mutter die Kerzen angezündet und den Segen gesprochen. Der Vater spricht den Segen über den Wein und die Challa, ein Weißbrot für den Schabbat. Davor segnen die Eltern jedes Kind. Beim Essen wird viel erzählt, gelacht und gesungen. Wir bleiben gemütlich beisammen, spielen oder lesen uns gegenseitig etwas vor.

BUDDHISMUS

Nathalie aus Sri Lanka erzählt:

Das Vesakh-Fest hat für uns Buddhisten eine besondere Stellung im Jahreslauf.
Sein Name bezieht sich auf den Monat Visakha (Mai / Juni). Wir gedenken in diesem Monat gleichzeitig Buddhas Geburt, Erleuchtung und Tod. Buddha ist ein Mann, der vor langer Zeit lebte und zum Buddha, was „der Erleuchtete" bedeutet, geworden ist. Wichtig bei diesem Fest ist das Schenken – so werden z. B. vor allem Bedürftige verköstigt.
Oft feiern wir Vesakh als Lichter- oder Fahnenfest. In Sri Lanka tragen wir zum Fest einfache weiße Gewänder und schmücken die Tempel festlich.

CHRISTENTUM

Christian aus Österreich erzählt:

Bei uns feiern wir Weihnachten, um an die Geburt von Jesus Christus zu denken. Am Heiligen Abend, dem 24. Dezember, gibt es ein großes Festessen. Davor singen wir unter dem Christbaum Weihnachtslieder und lesen das Weihnachtsevangelium aus der Bibel. Dann gibt es Geschenke, auf die meine kleinen Geschwister immer sehnsüchtig warten. Spät am Abend gehen wir in die Kirche. In der Zeit der Vorbereitung auf Weihnachten, im Advent, zünden wir die Kerzen am Adventkranz an, jeden Sonntag eine mehr.

ISLAM

Erzähle du!

____

____

____

____

____

____

____

____

WUSSTEST DU … dass der Islam über kein direktes eigenes Symbol verfügt?
Mondsichel und Stern wurden erst später mit der muslimischen Welt in Verbindung gebracht.

Besondere Tage

Als Nasreddin Hodscha einmal auf Reisen war, kam er in ein Dorf und sah mit Erstaunen, dass alle Leute dort aßen und tanzten und fröhlich waren. „Was für ein gesegneter Ort!“, rief der Hodscha. „Dort, wo ich lebe, haben die Leute kaum etwas zu essen.“ „Eigentlich geht es uns hier genauso“, erwiderte ein Mann. „Heute ist aber ein besonderer Festtag. Dafür hat jeder aus dem Dorf etwas zu essen aufbewahrt und heute zubereitet. Deshalb haben wir so viel zu essen und zu trinken und freuen uns“, sagte ein Dritter. Darüber dachte Nasreddin Hodscha eine Weile nach und seufzte dann: „Wenn wir nur jeden Tag so ein Fest haben könnten! Dann wäre jeder so glücklich wie heute und niemand müsste hungern.“

(Ines Balcik: Ein Festtag. In: http://www.kandil.de)

1 Lest die Geschichte und denkt darüber nach. Was war das Besondere an diesem Tag?

a) Kann die Aussage von Nasreddin überhaupt umgesetzt werden? Welche Möglichkeiten gibt es dafür?

b) Interviewe deine Mitschülerinnen und Mitschüler, wie sie ein Fest feiern.

1. Welche Feste feiert ihr zu Hause?
2. Wie bereitet ihr euch auf das Fest vor?
3. Hast du schon einmal an einem Festgebet teilgenommen? Wenn ja, mit wem? Wenn nein, warum nicht?
4. Was darf deiner Meinung nach bei einem Fest nicht fehlen?

c) Präsentiert eure Interviews in der Klasse.

Merke dir ...

Im Islam gibt es zwei Feste: das Fest des Fastenbrechens „'Idu-l-Fitr“ nach dem Monat Ramadan und das Opferfest „'Idu-l-Adha“. Das Fest des Fastenbrechens wird auch das Ramadanfest genannt. In der Türkei und in den Balkanländern sagen die Muslime zu beiden Festen „Bayram“.

Auch der Freitag gilt für Muslime als Festtag. Die Muslime versammeln sich zum Freitagsgebet und bleiben dann oftmals noch lange zusammen. Viele Familien laden einander immer wieder freitags zum Essen und Beisammensein ein.

Auch der Prophet Muhammad ﷺ freute sich, wenn es einen Anlass zum Feiern gab: Es wird überliefert, dass eines Tages der Vater von 'A'ischa, der Frau des Propheten ﷺ, zu ihr kam, als zwei Mädchen auf einem Daf trommelten und dazu sangen. Abu Bakr رضي الله عنه sagte: „Was? Musikinstrumente im Hause des Gesandten ﷺ?" Der Prophet ﷺ sagte: „Lass sie, denn heute ist ein Festtag."

(Buchari, Muslim)

Er ﷺ sagte auch: „Beschenkt einander, auf dass ihr einander liebt."

(Buchari)

2 Warum war es dem Propheten ﷺ wichtig, dass an Festtagen gefeiert wird? Hast du auch schon einmal an einer religiösen Feier teilgenommen? Was ist dir aufgefallen?

GA **3** Plant in der Gruppe ein Fest und überlegt, wie ihr es gerne feiern würdet. Präsentiert euren Vorschlag in der Gruppe. Überlegt zuerst die folgenden Punkte:

- Mit wem möchtet ihr das Fest feiern?
- Ihr könnt kulturelle Bräuche aus den Heimatländern eurer Eltern mit einfließen lassen. (Kleidung, Essen, Musik ...)
- Überlegt, ob ihr religiöse Elemente in das Fest einbauen möchtet oder nicht.
- Wenn ihr das Fest zusammen mit euren Schulkolleginnen und -kollegen aus den anderen Religionen feiert – worauf müsst ihr achten?

Die islamischen Feste beginnen immer mit einem Gebet am Morgen: Alle Muslime versammeln sich – Männer, Frauen und Kinder –, um gemeinsam das Id-Gebet zu verrichten. Danach hält der Imam eine Predigt – und dann kommen die Geschenke für die Kinder.
Anschließend treffen sich die Familien zu einem Festessen und zum gemütlichen Beisammensein.

4 Warst du schon einmal bei einem Festgebet dabei? Berichte darüber. Wenn nicht, dann berichte über eine andere Feier, an der du teilgenommen hast.

WUSSTEST DU ... dass muslimische Schülerinnen und Schüler vom Gesetz her an den islamischen Feiertagen dem Unterricht fernbleiben dürfen? Sie müssen nur ein Ansuchen an die Schulleitung stellen.

Allahs ﷻ Gnade umfasst alle Lebewesen

1 Welche Gefühle verbindest du mit diesen Bildern?

Haustiere

ingimage.com

Tiere im Zoo

ingimage.com

In Freiheit lebende Tiere

ingimage.com

GA **2** Überlege und sprich mit anderen in deiner Gruppe darüber: Welche Erfahrungen hast du mit Tieren? Bedeuten dir alle Tiere gleich viel?

Tiere in Qur´an und Sunna

Eines Tages betrat der Prophet Muhammad ﷺ einen Garten, der von einer Mauer umgeben war. Er gehörte einem Mann der Ansar, der Helfer von Madina. Im Garten war eine Kamelstute angebunden. Als sie den Propheten ﷺ sah, gab sie klagende Schreie von sich und Tränen liefen aus ihren Augen.

Der Prophet Muhammad ﷺ kam zu ihr und strich ihr über ihren Hals und ihre Höcker, bis sie sich beruhigte. Dann fragte er: „Wem gehört dieses Kamel?"

Ein junger Mann von den Ansar sagte: „Es gehört mir, Gesandter Allahs."

Da fragte ihn der Prophet ﷺ: „Fürchtest du nicht Allah um dieses Tiers willen, welches Allah dir anvertraut hat? Es hat sich bei mir darüber beklagt, dass du es hungern lässt und es andauernd belastest!"

(Ahmad)

> Der Prophet ﷺ wurde gefragt:
> „Oh Gesandter Allahs, werden wir auch für Freundlichkeit gegenüber Tieren belohnt?"
> Er antwortete: „Es gibt Belohnung für die Freundlichkeit gegenüber jedem Lebewesen."
>
> (Buchari, Muslim, Abu Dawud)

3 Wie kann sich Freundlichkeit gegenüber Lebewesen noch ausdrücken? Erkläre.

H **4** Du hast erfahren, dass der Prophet ﷺ großen Wert auf die gute Behandlung der Tiere legte. Wie kannst du selbst gut zu Tieren sein?

5 Im Qur'an kommen Tiere in verschiedenen Suren vor. Einige Suren wurden auch nach ihnen benannt. Schlage in deinem Mushaf nach und finde sie.

Sura 2 ______ Sura 6 ______ Sura 16 ______

Sura 27 ______ Sura 29 ______ Sura 105 ______

6 Fülle nun die Tabelle aus.

Sura: Vers	Qur'anverse	Bezeichnung der Tiere	Tiere als Aya/ Wunder Allahs
16:5			
16:7			
16:8			
2:26			
16:68			
18:22			
16:80			

H **7** Denkt darüber nach, warum Allah ﷻ diese Tiere im Qur'an erwähnt hat. Welches Wunder könnten sie ausdrücken? Schreibt dies in euren Heften auf. Ihr könnt auch in Lexika nachschlagen, wodurch sich die genannten Tiere auszeichnen. Referiert in der Klasse darüber.

8 Recherchiert selbst im Qur'an – findet ihr noch weitere Beispiele? Schreibt sie ins Heft.

9 Was hat deine Recherche an deiner Sicht auf Tiere verändert? Erkläre!

Umgang mit Tieren

1 Stimmst du den folgenden Aussagen zu? Warum ja? Warum nein? Begründe. Tauscht anschließend eure Ergebnisse aus.

a) Tiere sind für die Menschen da. Menschen sind für die Tiere da.

○ Stimmt / ○ Stimmt nicht, weil ______________________________

b) Manche Tiere können nur noch im Zoo überleben.

○ Stimmt / ○ Stimmt nicht, weil ______________________________

c) Der Mensch muss Fleisch essen, sonst erleidet er Mangelerscheinungen.

○ Stimmt / ○ Stimmt nicht, weil ______________________________

d) Der Mensch hat Verantwortung gegenüber den Tieren.

○ Stimmt / ○ Stimmt nicht, weil ______________________________

2 Schreibe aus der Sicht eines Tieres einige Wünsche an die Menschen auf:

Tier: ______________________________

Meine Wünsche: ______________________________

____

Im Islam haben Tiere genau wie Menschen ein Recht auf eine angemessene Unterkunft, in der sie friedlich und artgerecht leben können. Viele Nutztiere leben auf einem Bauernhof mit einer großen Wiese. Hier können sie frei herumlaufen und weiden. Nur wenn die Tiere gut behandelt werden, können sie den Menschen gesunde Milch, Eier und Fleisch geben. Das Gegenteil von einem Bauernhof ist die Massentierhaltung, wo Tiere auf engstem Raum leben und leiden müssen.

3 Verbinde die Sätze richtig!

1	Tiere in Massentierhaltung		verbringen ihr Leben in Kisten, in denen sie sich nicht umdrehen oder bewegen können.
2	Hühner in Legebatterien		bekommen Fertigfutter aus anderen Tierresten und Chemikalien zu essen.
3	Nur Tiere auf Bauerhöfen		sind den ganzen Tag festgekettet und bekommen so Verletzungen an Beinen und Klauen. Sie werden krank und leiden.
4	Kühe mit Laufstall dürfen zu jeder Tageszeit auf die Wiese laufen; Kühe, die nur im Stall leben,		grasen frisches, saftiges Gras.

4 Überlege: Warum achten viele Menschen und auch Muslime nicht auf artgerechte Tierhaltung? Wie könnte sich dies ändern?

4 ISLAMISCHE KUNST, KULTUR, WISSENSCHAFT

Die Schönheit Allahs سُبْحَانَهُ وَتَعَالَى in der Schöpfung erforschen

Und Er hat die Nacht und den Tag und die Sonne und den Mond dienstbar gemacht für euch; und alle Sterne sind Seinem Befehl dienstbar. Darin sind wirklich Zeichen für Leute, die ihren Verstand gebrauchen. (Sura 16:12)	وَسَخَّرَ لَكُمُ ٱلَّيْلَ وَٱلنَّهَارَ وَٱلشَّمْسَ وَٱلْقَمَرَ ۖ وَٱلنُّجُومُ مُسَخَّرَٰتٌۢ بِأَمْرِهِۦٓ ۗ إِنَّ فِى ذَٰلِكَ لَءَايَٰتٍ لِّقَوْمٍ يَعْقِلُونَ ١٢

Shotshop.com/Rastan

1 Überlege gemeinsam mit deiner Sitznachbarin/deinem Sitznachbarn, was in der Aya beschrieben wird. Was könnte mit „Zeichen" gemeint sein?

Abbas ibn Firnas (Cordoba, 810–888) entwickelt den Bau eines Fluggerätes:

2 Welche Eigenschaften braucht ein Wissenschaftler, um forschen zu können?

3 Erzähle die Bildergeschichte. Kennst du andere Geschichten, in denen das Beobachten der Natur zu neuen Ideen und Erfindungen führte? Hattest du selbst schon einmal eine Idee zu etwas, das du gern erforschen würdest? Berichte darüber.

Wissenschaft im Islam

Im Qur'an findest du viele Verse, in denen Allah ﷻ die Menschen auffordert, ihre Umwelt zu erforschen und die Zeichen der Schöpfung zu erkunden. Deshalb forschten Muslime schon sehr früh in vielen Bereichen, etwa in der Astronomie, der Medizin, Mathematik, Architektur, Geografie etc. Diese Forschungen führten zu wichtigen wissenschaftlichen Erkenntnissen und Erfindungen. Einige bedeutende Erkenntnisse und ihre Entdecker findest du auf dieser Seite.

GA **1** **Lest die Texte und besprecht, welche Erfindungen vorgestellt werden. Welche sind noch heute bedeutsam?**

- Schon sehr früh gründeten muslimische Ärzte sogenannte **Häuser der Heilung** (Krankenhäuser), in welchen sie neben den damals bekannten Heilmitteln und Anwendungen z. B. auch Musiktherapie für die Heilung Kranker einsetzten. In Bagdad gab es um das Jahr 1000 sogar mobile Krankenstationen.
- Der Mathematiker **al-Chawarizmi** (780–850) führte die **Ziffer Null** und die **Dezimalzahlen** ein. Auf seine Lehren sind die Algebra und das Algorithmen-System zurückzuführen.
- **Abul-Qasim Chalaf ibn al-'Abbas az-Zahrawi** (936–1013) entwickelte mehr als 200 **chirurgische Instrumente**, die sehr wichtig in der medizinischen Wissenschaft waren und teilweise noch heute verwendet werden.
- Der erste **Globus** wurde im 10. Jahrhundert von dem muslimischen Universalgelehrten **Muhammad al-Bairuni** (973–1048 / 352–429) entwickelt. Als 17-Jähriger berechnete er die geografische Breite seiner Heimatstadt aus der Sonnenhöhe. Mit 22 stellte er als erster Mensch einen Erdglobus her. Er konstruierte neue astronomische Instrumente, bewies die Kugelgestalt der Erde und stellte Überlegungen zur Erd-Rotation an.
- **Abu 'Ali al-Hasan Ibn al-Haitham** oder „Alhazen" (965–1039) begründete die Optik. Er erfand die weltweit erste Lochkamera, die er Qamara nannte, das arabische Wort für „Privatraum" oder „Dunkelkammer". Er ist auch der Erfinder der Lupe.
- Das Buch **„Kanon der Medizin"** vom Arzt **Ibn Sina** war über 600 Jahre lang das wichtigste Werk in der Medizin.

al-Chawarizmi

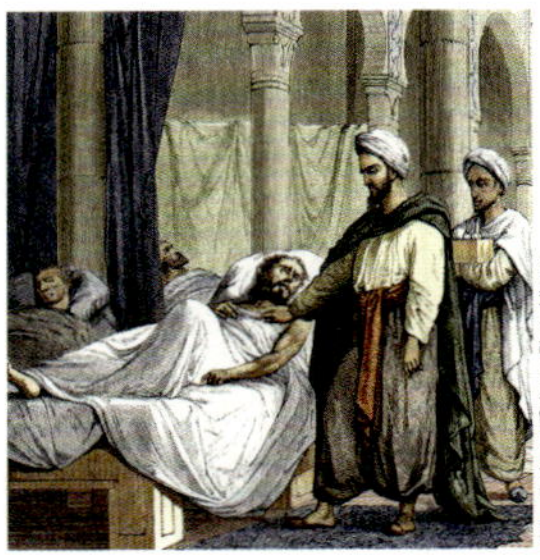

az-Zahrawi

2 **Hast du dir schon überlegt, welchen Beruf du später ausüben möchtest? Welche Bereiche, welche Wissenschaften interessieren dich? Berichte darüber in der Klasse.**

WUSSTEST DU … dass ein Kurzfilm über Entdeckungen, die aus dem sogenannten Goldenen Zeitalter des Islam stammen, gedreht wurde? Du findest diesen Film auf YouTube unter „1001 inventions and the library of secrets deutsch".

Kunst im Islam

Im Bereich der Kunst entstanden verschiedene Formen und Stilrichtungen, ebenso in der Architektur. Deren Stile erkennst du unter anderem daran, wie Moscheen, Bibliotheken, Krankenhäuser und andere Gebäude aussehen.
Durch Beachtung des Bilderverbotes im Islam haben die Muslime verschiedene Wege gefunden, ihre Liebe und Wertschätzung gegenüber Allah ﷻ und Seiner Schöpfung künstlerisch auszudrücken, etwa in der Weiterentwicklung der Ornamentik und der Herausbildung der Kalligrafie. Beides ziert oft Gebäude, Keramikgegenstände, Papierarten, Fliesen und andere Gegenstände.

1 Was fällt unter den Begriff „Islamische Kunst"? Hast du schon Gegenstände gesehen, die Merkmale islamischer Kunst aufweisen?

2 Welche künstlerischen Möglichkeiten kennst du, deine Liebe zu Allah ﷻ auszudrücken? Sammle hier deine Ideen:

____

____

Ornamentik

Die islamische Ornamentik und die islamische Kalligrafie (Schönschreibkunst) sind eng miteinander verbunden. Die Ornamentik hat sich besonders durch die Ausschmückung von Schriften entwickelt. Aber auch ohne Kalligrafie wird die Ornamentik oft als Kunstform verwendet. Viele Ornamente bedienen sich geometrischer und anderer mathematischer Muster, sie setzen sich aus unzähligen Kreisen, Dreiecken, Quadraten, Vielecken (meist in gerader Zahl) und Sternformen zusammen. Die Mathematik, insbesondere die Geometrie, spielt für die Ornamentik daher eine besondere Rolle.

Fotolia.com/Konstanze Gruber

www.spektrum.de/K. Dudley, M. Elliff/20140717

Wusstest du … dass Muslime versucht haben, die Einheit Allahs ﷻ auch in geometrischen Mustern darzustellen? In Isfahan etwa finden sich diese sogenannten quasikristallinen Muster auf Gebäuden aus dem 15. Jahrhundert. Bei dieser Geometrie wiederholen sich zwar einzelne Elemente, doch nie das Muster als Ganzes: Sie sind jeweils einzigartig.

Gestalte dein eigenes Kunstwerk!

1 Versuche, das Bild fertigzustellen.

2 Hier findest du einige geometrische Grundstrukturen islamischer Kunst. Nimm ein freies Blatt und versuche, mit den vorgegebenen Elementen ein eigenes Ornament zu gestalten. Präsentiert eure Kunstwerke in der Klasse. Gibt es zwei, die sich gleichen?

3 Überlege dir: Hast du schon einmal eine ähnliche Ornamentik gesehen? Wenn ja, wo?

Ebru-Kunst

Auch das Marmorieren von Papier ist eine Kunst, die in der Türkei ein hohes Ansehen hat – sie wird dort Ebru genannt. Im Osmanischen Reich wurde Ebru-Briefpapier verwendet, weil es aufgrund seiner Einzigartigkeit fälschungssicher ist. Auch Umschläge von Büchern und Dokumentenvorlagen wurden mit Ebru veredelt. Wann die Ebru-Kunst entstand, ist nicht bekannt. Die ältesten Dokumente sind aus dem Jahr 1539 und befinden sich im Topkapi Sarayi in Istanbul. Durch den Schriftverkehr mit dem Osmanischen Reich lernten die Europäer die Ebru-Kunst kennen. Wohl weil die Formen stark an Marmor erinnern, entstand der Begriff „marmoriertes Papier".

Fotolia.com/hapilova

1 Markiere im Buchstabenrätsel die versteckten Wörter.

- Briefpapier
- Kunst
- Umschläge
- Ebru
- Marmorpapier
- Unikat
- Topkapi Sarayi

					N	E	B	R	U					
			I	C	J	K	R	T	X	V	U			
		R	U	Y	K	N	I	W	T	X	M	I		
	O	P	M	R	Y	S	E	E	N	Z	A	G	L	
	U	T	Y	D	V	H	F	N	O	F	R	J	J	
X	E	I	I	R	E	B	P	O	U	M	M	Q	E	Z
H	D	S	U	N	I	K	A	T	M	M	I	Q	R	S
B	M	T	O	P	K	A	P	I	S	A	R	A	Y	I
L	A	P	H	I	U	D	I	W	C	O	P	M	F	L
R	N	U	I	S	N	V	E	X	H	F	A	M	B	E
	T	F	W	G	S	W	R	O	L	Z	P	X	A	
	K	Y	Q	S	T	G	T	O	Ä	V	I	G	U	
		G	X	I	A	F	A	W	G	D	E	G		
			I	F	L	C	K	I	E	I	R			
					G	W	I	E	X					

Super!

2 Sei kreativ! Gestalte dein eigenes Ebru-Papier.

Material: destilliertes Wasser (oder beim Kochen abgeschüttetes Nudelwasser), Acrylfarben, Pinsel, Blech, Papier

Schütte das destillierte Wasser in das Blech und tupfe mit dem Pinsel Farbe darauf. Mit dem anderen Ende des Pinsels kannst du auf dem Wasser Muster formen. Anschließend legst du ein leeres Papier auf das Wasser und ziehst es langsam aus dem Wasser heraus. Dabei berührst du den Rand des Bleches und lässt das Wasser abtropfen. Fertig ist dein eigenes, unverwechselbares und einzigartiges Kunstwerk!

Alamy/Lynne Nieman

Du kannst deine Lieblingsaya oder deinen liebsten Hadith auf dein Kunstwerk schreiben!

Einige islamische Kunstwerke

1 Auf dieser Seite sind einige Kunstwerke aus dem islamischen Raum abgebildet. Betrachtet sie und überlegt:

Welche Gemeinsamkeiten haben sie? Welche Unterschiede? Was ist das „Islamische“ an diesen Kunstwerken?

Alamy/Angelo Hornak

Fotolia.com/asikkk

Alamy/Cenap Refik Ongan

www.altindag.bel.tr/20140508

Fotolia.com/M. Pavlenko

Fotolia.com/Y. L. Photographies

2 Welche Art von Kunst liegt dir? Versuche dein eigenes Kunstwerk zu gestalten.
Ein Gedicht, Musik, eine Zeichnung …

3 Bau deine eigene Rahle (Qur'anständer). Eine Bauanleitung bekommst du von deiner Lehrerin / deinem Lehrer.

Ich lerne das arabische Alphabet

'Umar Ibn al-Chattab sagte: „Lernt die arabische Sprache, denn sie gehört zur Religion." (Al-Baihaqi)

1 Lies den Ausspruch von 'Umar ﷺ und überlege mit deiner Sitznachbarin / deinem Sitznachbarn, was dieser aussagt.

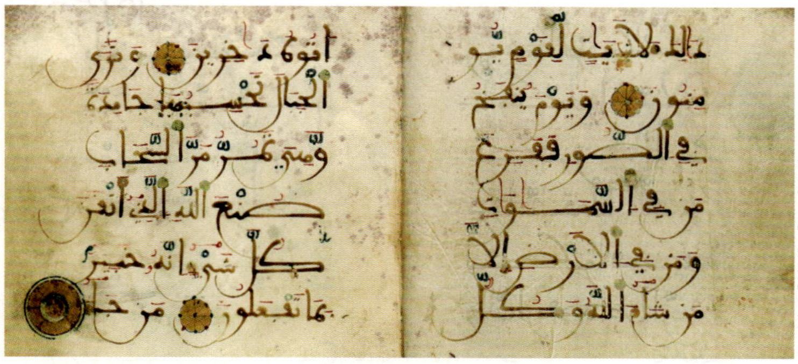

picturedesk.com/Brittish Library/Science Photo Library

Handgeschriebener Koran aus dem 13. Jh. n. Chr.

Die arabische Schrift

Die arabische Schrift zählt zu den am weitesten verbreiteten Schriften der Welt. Bekannt wurde sie durch den Islam und den Qur'an. Die arabische Schrift wird von rechts nach links geschrieben und hat 28 Buchstaben. Kurzvokale werden mit Zeichen angedeutet. Früher wurde die arabische Schrift hauptsächlich im Kufi-Stil geschrieben, ohne Punkte und Zeichen. Der Qur'an ist das bekannteste arabische Buch, er ist für uns Muslime das wichtigste und schönste Buch. Aus Liebe zum Qur'an entwickelten Künstler wundervolle Schriften, mit denen sie den Qur'an niederschrieben, es war eine besondere Form der Würdigung und der Ehrung. Daraus entwickelte sich im Laufe der Zeit die Kunst der arabischen Kalligrafie.

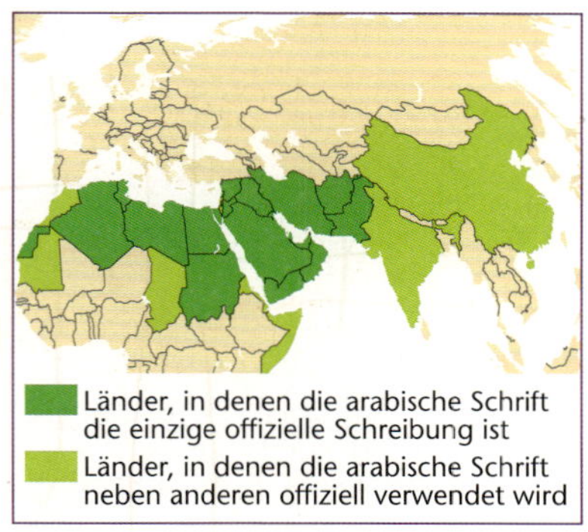

2 Löse das Kreuzworträtsel.

1) Von welcher Seite beginnt man arabisch zu schreiben? Von …
2) In welcher Sprache ist der Qur'an offenbart worden?
3) Kalligrafie ist eine Kunstform der Würdigung und … des Qur'an.
4) Ursprünglich kamen in der arabischen Schrift keine … wie a, i, o vor.
5) Die Schönschreibschrift nennt man …
6) Wie heißt die älteste arabische Schönschrift?
7) Muslime legten sehr viel Wert auf die Wissenschaft und die …

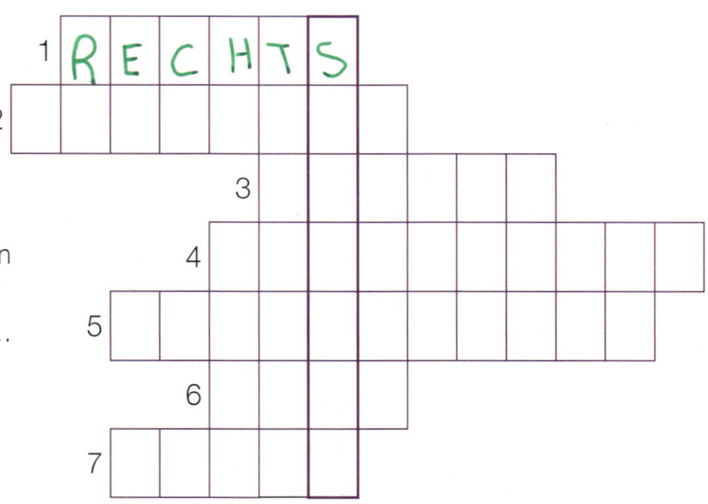

Lösungswort: ____________________

3 Füge das arabische Alphabet ein!

Dschim ج	Tha ث	Ta ت	Ba ب	Alif ا
Ra ر	Dhal ذ	Dal د	Cha خ	Ha ح
Dad ض	Sad ص	Schin ش	Sin س	Zay ز
Fa ف	Ghain غ	‘Ain ع	Za ظ	Ta ط
Nun ن	Mim م	Lam ل	Kaf ك	Qaf ق
Ya ى	Waw و	Haa ه		

CD Track 16: „Das arabische Alphabet“

4 a) Höre dir das arabische Alphabet an.

b) Lerne das arabische Alphabet.

5 Versuche, „Allah“ سبحانه وتعالى und „Muhammad“ ﷺ zu schreiben!

محمد Muhammad ﷺ	الله Allah سبحانه وتعالى

6 Kannst du deinen Namen auf Arabisch schreiben? Lass dir von deiner Lehrerin/deinem Lehrer helfen und verziere deinen Namen kunstvoll.

Mein Name auf Arabisch:

7 Finde heraus, wie die Buchstaben am Wortanfang, in der Wortmitte und am Wortende geschrieben werden. Deine Lehrerin/Dein Lehrer kann dir hierbei helfen.

Kalligrafie – die Kunst des Schönschreibens

Kalligrafie

Muslime haben große Achtung vor dem gesprochenen und dem geschriebenen Wort Allahs ﷻ, dem Qur'an. Sie entwickelten im Laufe der Zeit die Kalligrafie (Schönschreibschrift) mit ihren verschiedensten Techniken. Kalligrafien findest du auf Gebäuden, Büchern, Münzen und Metallwaren, auf offiziellen Dokumenten, auf Stoffen, auf Keramik, Holz, Elfenbein, Stein, Glas und vielem mehr. Es gibt eine Vielzahl von Stilen.

Einige kalligrafische Stilrichtungen in der Basmalah

Mit dem Namen Allahs ﷻ, des Allerbarmers, des Barmherzigen

Persischer Stil:

Er findet sich z. B. in persischen und arabischen Handschriften des Mittelalters. Er wird mit Tinte geschrieben und hat dünne und dicke Stellen, je nach Schreibrichtung. Oft werden lang gezogene Abschlussbögen betont. Manche Buchstaben sind ein wenig vereinfacht und es wird in einem Zug geschrieben.

Diwani-Schrift:

Sie kam in der Zeit des Osmanischen Reiches zu ihrer Blüte. Dieser zierliche Schmuckstil wirkt ein wenig verschnörkelt und reichhaltig, ist deshalb aber fälschungssicher, da jeder Kalligraf seine geheimen Zeichen in das jeweilige Dokument einbaute. Manche Buchstaben haben Sonderformen mit zusätzlichen Schwüngen und Bögen.

Kufi-Schrift:

Dieser Stil ist einer der ältesten, er ist nach der Stadt Kufa benannt. Die Buchstaben haben eine rechteckige Form. Manchmal sehen die Buchstaben wie technische Zeichen aus, die in Form von Mustern gesetzt werden. Es gibt aber auch zahlreiche Gestaltungen, bei denen die geometrischen Formen der Buchstaben zu Blumenmotiven oder Gebäuden ausgeschmückt werden.

1 Lies die drei Texte der vorangehenden Seite durch und markiere fünf Schlüsselwörter pro Text.

2 Schreibe zu den einzelnen Stilrichtungen je drei Merkmale.

Kufischer Stil: Ist einer der ältesten. Er ist nach der Stadt Kufa benannt. Die Buchstaben haben eine Rechteckige Form.

Persischer Stil: Wird mit Tinte geschrieben. Hat dicke und dünne Stellen. Es wird in einem Zug geschrieben.

Diwani-Stil: Sie kam in der Zeit des Osmanischen Reiches. Sie ist fälschungssicher. Manche Buchstaben haben Sonderformen mit zusätzlichen Schwüngen und Bögen.

3 Finde in Büchern oder auch im Internet weitere bekannte kalligrafische Ausdrucksformen.

4 Versuche, dein eigenes Kunstwerk zu gestalten, indem du entweder deinen Namen oder ein vorgezeichnetes Wort als Motiv verwendest. Du kannst damit ein Blatt, einen Teller oder ein Glas gestalten. Hol dir Hilfe bei deiner Lehrerin/deinem Lehrer.

Iman El Sarag, St. Veit an der Glan

WUSSTEST DU ... dass die Ka'ba mit einem schwarzen Tuch, der Kiswa, bedeckt ist, das jedes Jahr am Tag von Arafat ausgetauscht wird?
... dass dieses Tuch ungefähr 14 m breit und 40 m lang ist?
... dass die Kiswa mit kalligrafischen Ornamenten und Qur'an-Suren verziert ist?

Wie eine Kiswa entsteht

picturedesk.com/Marwan Naamani/AFP

picturedesk.com/Khaled Desouki/AFP

picturedesk.com/Mustafa Ozer/AFP

Shotshop.com/afaizal

Die Kiswa ist eines der bekanntesten Kunstwerke des Islam. Sie umhüllt die Ka'ba und wird aus schwarzem Seidenbrokat hergestellt. Aus Gold- und Silberdrähten gestickte kalligrafische Darstellungen der Schahada und anderer Verse aus dem Qur'an verzieren die Kiswa, die jedes Jahr neu hergestellt wird.
Pro Jahr werden in der „Kiswah Factory" in Mekka ca. 400 Kilogramm Gold- und Silberdrähte verarbeitet, die weniger als ein Drittel Millimeter dick sind. Mehr als 100 Männer arbeiten ein ganzes Jahr lang, um das Tuch mit den Stickereien anzufertigen.

1 Kannst du kalligrafische Elemente auf der Kiswa erkennen? Erläutere sie.

Vielfalt in der Kalligrafie

Im Zentrum jeder Kalligrafie steht der Text, dessen Bedeutung auf kunstvolle Art und Weise ausgedrückt werden soll. Im Verlauf der Jahrhunderte haben sich sehr unterschiedliche Formen und Effekte herausgebildet: Wichtige Wörter werden betont größer oder auch enger geschrieben; andere Wörter werden übereinandergelegt, miteinander verflochten oder vom Kalligrafen einfach verschoben. Gelesen wird immer von rechts nach links, manchmal auch von unten nach oben.

Einige Künstler stellen die Wörter entsprechend ihrer Bedeutung bildlich dar: Sie fügen Buchstaben und Wörter in einem Bild zusammen oder betonen bestimmte Buchstaben, Bögen, Schwünge oder Striche (z. B. die langen Striche von Alif und Lam oder die Schlussbögen von Mim und Ya). So entstehen sehr ausdrucksstarke Kunstwerke, wie etwa die Darstellung des Glaubensbekenntnisses und der Glaubensgrundsätze in Form eines rettenden Schiffes.

1 Erinnerst du dich noch an das Glaubensbekenntnis und die Glaubensgrundsätze? Notiere sie hier, wenn du kannst, in arabischer Schrift – oder in Deutsch.

____

____

2 Wieso, glaubst du, hat der Künstler die Glaubensgrundsätze als rettendes Schiff dargestellt?

Tugra

Eine Variante mit besonderer Bedeutung ist die Tugra, eine Kalligrafie in Form einer ausgestreckten Hand. Eigentlich wurde die Tugra von Kalifen und Sultanen in der arabischen Welt und im Osmanischen Reich verwendet. Die Herrscher hatten lange arabische Namen mit mehreren Titeln und Beinamen, die in unverwechselbarer Weise als eine solche Tugra geschrieben wurden. Eine Tugra diente wie ein Siegel zur Unterzeichnung von Dokumenten und Briefen.

3 Welche Buchstaben (Wörter) erkennst du in den einzelnen Darstellungen?

4 Kreise in allen drei Kalligrafien das Wort Allah ein. Wie oft ist es vorhanden?

5 Weißt du, welche Worte hier in Form einer Tugra dargestellt werden?

6 Lies die folgenden Sätze und beantworte die Fragen.

a) Wissenschaft lenkt die Muslime vom Gebet ab und ist daher im Islam nicht erwünscht.

○ Stimmt. / ○ Stimmt nicht, weil ______________________________

____

b) Die Kunst der Ornamentik entwickelte sich zur selben Zeit wie die Kalligrafie und ist in Kunstwerken nur gemeinsam mit der Kalligrafie zu finden.

○ Stimmt. / ○ Stimmt nicht, weil ______________________________

____

c) Der Erfinder der Optik war Alhazen (al-Haitham), er erfand auch die Lupe.

○ Stimmt. / ○ Stimmt nicht, weil ______________________________

____

d) Christoph Kolumbus baute den ersten Globus und zeichnete 70 Weltkarten, mit denen er Amerika entdeckte.

○ Stimmt. / ○ Stimmt nicht, weil ______________________________

____

e) Die arabische Schrift besteht aus 28 Buchstaben, die Kurzvokale bestehen aus Zeichen.

○ Stimmt. / ○ Stimmt nicht, weil ______________________________

____

f) Die Muslime legen sehr viel Wert auf das geschriebene und gesprochene Wort. Sie entwickelten eine eigene Kunstrichtung dafür.

○ Stimmt. / ○ Stimmt nicht, weil ______________________________

____

g) Tugra war ursprünglich das Siegel von Imamen, die eine besondere Leistung erbracht hatten.

○ Stimmt. / ○ Stimmt nicht, weil ______________________________

____

5 ISLAM IN ÖSTERREICH UND EUROPA

Österreich ist mein Zuhause

Kaiser Franz Joseph überschreitet mit einem islamischen Würdenträger die Brücke in Mostar

1 Betrachte das Bild genau. Was kannst du erkennen? Aus welchem Land, denkst du, kommen die Soldaten?

WUSSTEST DU ... dass das sogenannte Islamgesetz den Muslimen das Recht auf freies und öffentliches Praktizieren der Religion gab? Es wurde 1912 rechtskräftig.

2 Betrachte die Zahlen in der Tabelle. Was kannst du daran erkennen?

Anzahl der Muslime in Österreich	
1908 (Muslime in der k. u. k. Monarchie)	600 000
1964	8 000
1971	22 267
1981	76 939
1991	158 776
2001	345 906
2006	340 000
2009	515 914

(Daten nach: Statistik Austria; Österreichischer Integrationsfonds (Hg.): Islam in Österreich 2010)

Erste Muslime in Österreich …

Die Spuren der Muslime in Österreich sind fast so alt wie die erste urkundliche Erwähnung Österreichs im Jahre 996. Allerdings handelte es sich nicht um dauerhafte Aufenthalte. Dies änderte sich, als im Jahre 1908 Bosnien-Herzegowina von der Habsburger Monarchie annektiert (in Besitz genommen) wurde. Um die Angelegenheiten der über 600 000 Muslimas und Muslime, die nun Bürgerinnen und Bürger der kaiserlich-königlichen Monarchie waren, zu regeln, trat im Jahr 1912 das sogenannte Islamgesetz in Kraft, durch das der Islam seither in Österreich rechtlich allen anderen staatlich anerkannten Religionen gleichgestellt ist.

Die Urkunde aus dem Jahr 996, auf der „Ostarrichi" (Österreich) zum ersten Mal erwähnt wird

Schon vor über 100 Jahren dienten deshalb im österreichischen Heer auch Imame und Seelsorger, die muslimischen Soldaten in deren religiösen Anliegen halfen und sie unterstützten. Die muslimischen Gemeinschaften haben durch eine bosnische Einheit im Militär und durch ihre Erfüllung der Wehrpflicht einen großen Beitrag für Österreich geleistet.

Das bedeutet aber nicht, dass seit diesem Zeitpunkt durchgehend große muslimische Gemeinschaften in Österreich gelebt haben – denn nach dem Ersten Weltkrieg, der 1914 begann, hat sich wieder vieles geändert. Erst in den späten 50er- und frühen 60er-Jahren des 20. Jahrhunderts kamen wieder viele Muslimas und Muslime nach Österreich – entweder, um zu arbeiten oder um zu studieren, manche suchten auch Schutz vor Unterdrückung in ihren Heimatländern – und manche wollten einfach nur in Österreich leben.

Die Islamische Glaubensgemeinschaft in Österreich wurde 1979 als offizielle Vertretung der Muslime von der Republik Österreich anerkannt und ist Ansprechpartner in allen Angelegenheiten, die den Islam betreffen. Die IGGiÖ hat wichtige Aufgaben, wie zum Beispiel den islamischen Religionsunterricht an öffentlichen Schulen zu organisieren und Religionslehrerinnen und Religionslehrer auszubilden.

H **3** Beantworte folgende Fragen:

a) Welche Vorteile bringt es, wenn eine Religionsgemeinschaft gesetzlich anerkannt ist?

b) Wenn du über das Leben als Muslima / Muslim in Österreich nachdenkst – wie würdest du es beschreiben? Welche Vorteile genießt du? Welchen Schwierigkeiten begegnest du? Wie könnten sie gelöst werden?

c) Überlege: Was würdest du gerne für deine Gesellschaft, für Österreich tun?

MERKE DIR …

Seit 1912 ist der Islam eine anerkannte Religion in Österreich.
Seit 1982 gibt es in Österreich den islamischen Religionsunterricht an öffentlichen Schulen.

Die IGGiÖ – Islamische Glaubensgemeinschaft in Österreich

1 Lerne die IGGiÖ bei einer **Internetrallye** besser kennen.

IGGiÖ
Islamische Glaubensgemeinschaft in Österreich

a) Gib auf Google „IGGiÖ“ ein und schau dir die Seite genau an. Was wird auf dieser Seite alles angeboten?

b) Klicke in der Menüleiste der IGGiÖ-Website auf „**IGGiÖ**“ und weiter auf „**Entstehung**“. Lies die Aufgabenfelder der Islamischen Glaubensgemeinschaft durch und notiere mindestens zwei davon.

c) Du hast die Möglichkeit, unter „**Leitbild**“ in der Menüleiste einiges über die Aufgaben der IGGiÖ zu erfahren. Notiere mindestens eine Aufgabe.

d) Finde heraus, wer der jetzige **Präsident** der IGGiÖ ist, und schreibe seinen Namen auf.

e) Klicke weiter auf **Beirat**. Welche Aufgabe hat der Beirat? Wer gehört dem Beirat an? (Es ist nicht die Beiratsliste gemeint!)

f) Schau dir in der Menüleiste an, welche **Abteilungen** es gibt, und notiere zwei, die dich interessieren.

g) Informiere dich über **Einrichtungen** (in der Menüleiste). Welche islamischen Bildungseinrichtungen werden hier erwähnt?

h) In welchem Wiener Bezirk befindet sich der **Islamische Friedhof**? In welchen Städten gibt es ebenfalls islamische Friedhöfe?

Islamische Glaubensgemeinschaft in Österreich – Rapsong

CD-Track 17: Lied von Yasin Ulu

1912 war das Jahr, als es begann
Das Zusammenleben hat den höchsten Rang erlangt / Durch Respekt und Freundschaft mit Verstand / Wurde der Islam in Österreich gesetzlich anerkannt

Schon über 100 Jahre ist es her
Die Verbindung zweier Kulturen ist nicht schwer
Österreich gibt das Beispiel – schau es dir an
Österreich: in Europa ein vorbildliches Land

Alle unter einem Dach, so kommen wir voran
Wir glauben an Einen Schöpfer und an Seinen Qur'an
Nationalität und Herkunft spielt hier keine Rolle
Die Menschen folgen der Rechtschule der sie folgen wollen

Multikulti-Leben prägt unseren Alltag
Uns verbindet der Glaube an Allahs Allmacht
Wir bewegen uns gemeinsam wie ein starkes Allrad / Und gehen die gleiche Richtung wie im Tauwaf bei der Wallfahrt

CHORUS:
Ja wir sind verschieden, doch haben was gemeinsam
Es ist etwas, wodurch wir uns vereint haben,
Und zeigen können was man alles vereint schafft
Es ist die islamische Glaubensgemeinschaft

In der Vergangenheit ist viel passiert
Manch eine Frage war dann auch sehr kompliziert
Probleme wurden gelöst und Vielfalt akzeptiert
Erfolg kommt wenn man die Hoffnung nicht verliert

Viele Vorreiter sind durch Dick und Dünn gegangen
Die Arbeit ging weiter um mehr Erfolg zu erlangen
Der Einsatz, welcher die Gemeinschaft belebt
Wie die vielen Moscheen für das Gemeinschaftsgebet

Oder die Vertretung österreichweit in jeder Stadt
Ganz egal, wer welche Anliegen hat
Ganz egal, welche Herkunft oder Sprache
Alle interessieren sich für die gemeinsame Sache

Meinungsunterschiede sind kein Problem
Es ist nicht verboten, Dinge anders zu sehen
Hier im Lande sind die Muslime vereint
Die islamische Glaubensgemeinschaft ist gemeint

CHORUS

Text: Yasin Ulu

2 Hört das Lied an und besprecht: Wodurch zeichnet sich die IGGiÖ aus? Lernt das Lied und singt es in der Klasse.

picturedesk.com/Theo Kust/Kust Theo

Chorbogen in der christlichen Johanneskapelle Pürgg, Steiermark, mit der arabischen Kalligrafie für „Allah". Die Kapelle wurde um 1100 erbaut.

Wir Muslime haben etwas gemeinsam

1 Schau dich in deiner Gruppe um: Woher kommen die Eltern deiner Mitschülerinnen und Mitschüler? Wie viele Sprachen werden in deiner Gruppe gesprochen? Füge sie in die Tabelle ein.

Sprache	Name deiner Mitschülerin / deines Mitschülers
Deutsch	

2 In welche Länder könntet ihr gemeinsam ohne Sprachprobleme reisen?

3 Lest die folgende Aya und überlegt: Welche Einteilungen werden darin genannt?

Ihr Menschen! Wir erschufen euch aus einem Männlichen und einem Weiblichen und machten euch zu Völkern und Stämmen, damit ihr einander kennenlernt …
(Sura 49:13)

يَٰٓأَيُّهَا ٱلنَّاسُ إِنَّا خَلَقۡنَٰكُم مِّن ذَكَرٖ وَأُنثَىٰ
وَجَعَلۡنَٰكُمۡ شُعُوبٗا وَقَبَآئِلَ لِتَعَارَفُوٓاْۚ … ١٣

4 Besprecht, in welchen Punkten ihr euch unterscheidet und was ihr gemeinsam habt. Hier stellen wir dir Harun vor, der in die 1. Klasse geht.

Kennst du Harun? Seine Mutter ist eine österreichische Türkin. Sein Vater hat ägyptische und saudische Wurzeln, weil sein Vater aus Saudi-Arabien und seine Mutter aus Ägypten stammt. Sein Urgroßvater stammt allerdings aus China. Harun wurde in Wien geboren und wächst hier auf. Weil Österreich seine Heimat ist, bezeichnet er sich als muslimischer Österreicher.

5 Wie viele Wurzeln hat Harun? Und wie viele hast du? Hast du schon einmal nachgeforscht?

- Welche Antwort gibst du, wenn man dich fragt, woher du kommst?

WUSSTEST DU … dass viele Kinder in der Islamstunde drei Dinge gemeinsam haben: dass sie Deutsch sprechen, sich zum Islam bekennen und dass sie in Österreich leben?

Muslime in anderen Ländern

Erste Muslime in Skandinavien waren Tartaren aus Russland.

Finnland

Die ersten muslimischen Tartaren und Baschkiren zogen bereits ab 1809 mit der russischen Armee ins Land, nachdem Finnland unter russische Herrschaft gekommen war. Zwischen 1870 und 1920 übersiedelten viele Familien aus Russland über den Fluss Wolga nach Finnland. Heute leben ca. 55 000 Muslime (1 % der Bevölkerung) in Finnland – hauptsächlich in der Hauptstadt Helsinki. Die meisten Muslime kommen aus Somalia, danach folgen arabische Länder, Albanien, die Türkei und der Iran. Seit 1923 ist die Religionsfreiheit in der finnischen Verfassung garantiert. 1925 gründeten Muslime die Finnische Islamische Gemeinde, die erste staatlich anerkannte islamische Gemeinde in Finnland.

Schweden

Ungefähr 450 000 Muslime (5 % der schwedischen Bevölkerung von 9 Millionen Menschen) leben in Schweden. Als erste Muslime sind die finnischen Tartaren bekannt. Ab 1930 kamen sie aus Finnland und Estland und siedelten sich in Schweden an. Die Mehrheit der Muslime wanderte ab 1960 aus den arabischen Ländern ein. Die meisten Muslime sind Iraker, Iraner oder Bosnier. Auch einige Muslime aus Somalia, der Türkei und Marokko leben in Schweden. Nach dem Christentum wurde der Islam als zweite offizielle Religion anerkannt. Seit 2013 ist der Gebetsruf aus der Moschee in Stockholm – mit dem größten Minarett Europas (32,5 m) – öffentlich erlaubt.

Dänemark

Ungefähr 200 000 Muslime (3,7 % der 5,5 Millionen Einwohner) leben in Dänemark. Die Religionsfreiheit ist in diesem Land seit März 2010 gesetzlich garantiert. Viele muslimische Organisationen sind dort anerkannt und gesetzlich vertreten. Seit den 1950er- und 1960er-Jahren zogen Muslime als Arbeitskräfte nach Dänemark. Die Gastarbeiter kamen großteils aus der Türkei, aus Jugoslawien oder Pakistan. Heute sind mehr als die Hälfte der Muslime aus der Türkei, danach folgen der Irak, Bosnien, der Libanon und Somalia.

Norwegen

Schon seit dem 12. Jahrhundert hatten norwegische Wikinger Kontakt mit den Abbasiden in Bagdad. Vor Kurzem wurden Münzen aus dieser Zeit mit der Schahada darauf entdeckt (siehe Foto). Von den 4 Millionen Einwohnern Norwegens sind heute ungefähr 120 000 Muslime (also 3,6 %), die meisten leben in der Hauptstadt Oslo. Ab 1950 kamen die ersten Muslime als Gastarbeiter aus Pakistan, der Türkei und Marokko. Heute sind die meisten Muslime aus Pakistan und Somalia, danach folgen der Irak, der Iran und Bosnien.

1 Lest die Geschichte von Muslimen in Skandinavien. Welche Gemeinsamkeiten, welche Unterschiede fallen euch auf?

Ein Gruß von Ibrahim aus Malmö

ingimage.com

Mein Name ist Ibrahim und ich bin 11. Ich komme aus Malmö, der drittgrößten Stadt in Schweden. Da bin ich auch geboren. Mein Vater kommt aus Somalia und meine Mutter aus Marokko. Ich kann drei Sprachen sprechen: Arabisch, Schwedisch und Englisch. In der Klasse sind wir nur 3 Muslime, aber das macht nichts, ich komme sehr gut mit allen aus. Wir haben auch islamischen Religionsunterricht. Dort lernen wir zum Beispiel, wie wir fasten und beten sollen, wenn die Tage im Sommer sooo lang sind!

Eine meiner Lieblingsmoscheen ist die in Fittja im Süden von Stockholm. Dort wird seit 2013 der Adhan laut ausgerufen. Das ist wirklich ein schönes Gefühl, den Adhan im Freien zu hören. Jedes Jahr treffen wir uns dort mit unserer Familie und unseren Freunden zum Id, denn nach dem Gebet findet dort ein wunderschönes Fest statt. Für Kinder sind viele Spiele und natürlich auch Geschenke vorbereitet – und wie feiert ihr den Id in Österreich?

picturedesk.com/Leo Sellén/TT News Agency

1 Fülle die Tabelle mithilfe der Texte fertig aus.

	Finnland	Schweden	Dänemark	Norwegen	Österreich
Einwohnerzahl	5,5 Mio.				8,5 Mio.
Anzahl der Muslime in %				3,6 %	6,2 %
Anerkannte Religion				Ja	Ja
Religionsgemeinschaft					IGGiÖ
Gesetzlich vertreten: Ja/Nein	Ja				Ja
Muslime leben seit … im jeweiligen Land					ca. 1882

2 Lest den Text und überlegt, was Ibrahim damit meinen könnte, dass die Tage im Sommer so lang sind. Recherchiere: Wie lange dauert der längste Tag im Sommer in Malmö?

- Informiere dich: Welche Lösung bietet der Islam für lange Fasttage an? Berichte darüber!

3 Suche im Internet nach einem Gebetskalender für Malmö und vergleiche die Zeiten mit den Zeiten an deinem Wohnort. Welche Unterschiede stellst du fest? Welche Gemeinsamkeiten?

6 ISLAMISCHE GESCHICHTE

Woher kommen die Geschichten?

Eine kleine Geschichte über Geschichten

Eines Tages schleppte Frau Uhl, Yasins Lieblingslehrerin, einen Wäschekorb voller Bücher in die Klasse. „Was glaubt ihr, habe ich hier?"

„Bücher!" – „Geschichten!" – „Etwas zum Lesen!", riefen die Kinder durcheinander.

Frau Uhl schmunzelte. „Richtig. Es sind aber zwei verschiedene Arten von Geschichten."

Alle Kinder sahen Frau Uhl fragend an.

Sie nahm zwei Bücher aus dem Korb. In der einen Hand hielt sie „Überraschendes Abenteuer", in der anderen ein Buch, dessen Titel die Kinder aus der Entfernung nicht lesen konnten – sie sahen nur, dass es einen schönen Ledereinband hatte.

„Was könnte der Unterschied zwischen diesen beiden Büchern sein?", fragte Frau Uhl.

„Das mit dem Abenteuer ist spannend, und das andere ist langweilig!", rief Yasin übermütig.

Frau Uhl schien zu überlegen und sagte dann. „Nein, so kann man das nicht sagen. Ich gebe euch einen Tipp: Es gibt echte Geschichte, und es gibt fantasievolle Geschichten. Was könnte das sein – eine echte Geschichte?"

Luisa rief: „Etwas, das wirklich passiert ist?"

„Ganz genau. Und ich finde, tatsächlich stattgefundene Geschichte ist sogar noch viel spannender als erfundene Geschichten, obwohl ich die auch sehr gerne lese. Aber Geschichtsbücher beschreiben das echte Leben. Sie handeln von echten Menschen. Die echte Geschichte erzählt uns Geschichten, die wirklich passiert sind!" „Das klingt eigentlich auch spannend", meinte Gregor.

„Aber ja! Das sind faszinierende Abenteuer. In diesem Buch hier zum Beispiel wird die Sira erzählt." Frau Uhl zwinkerte Yasin zu. „Das ist die Geschichte deines Propheten Muhammad!"

Yasin rief: „Boah, wirklich?!"

Frau Uhl begann die Bücher aus dem Wäschekorb auf den Lehrertisch zu stapeln. „In diesen Büchern sind lauter Geschichten aus der ‚echten' Geschichte erzählt. Ich möchte, dass jeder von euch sich jetzt eines davon aussucht. Aber vorher verrate ich euch noch etwas Wichtiges." Sie sagte geheimnisvoll: „Wenn ihr die Geschichte kennen lernt, wird euer eigenes Leben zum Abenteuer!"

Nach einem Blick in die rätselnden Gesichter der Kinder fuhr sie fort:

„Es ist wie mit unserem Gedächtnis. Nur durch unser Gedächtnis wissen wir, wieso etwas ist, wie es ist. Wo wir sind. Was wir tun. Wohin wir gehen. Ohne unser Gedächtnis wüssten wir nicht einmal, wer wir sind! Die Geschichte ist das Gedächtnis der Menschen. Wenn wir unser Gedächtnis verlieren, haben wir keine Orientierung mehr!"

Jetzt ging Yasin ein Licht auf: „Und die echte Geschichte – die ist unser Gedächtnis! Durch sie wissen wir, warum etwas so ist, wie es ist. Und wer wir sind! Ist es so?"

„Richtig, Yasin, genau so ist es. Komm und such dir als Erster ein Buch."

1 Überlege und schreibe auf:

a) Woher kommen Geschichten und welche unterschiedlichen Geschichten kennst du?

b) Hast du schon ein Buch mit echten Geschichten gelesen?

c) Welche islamische(n) Geschichte(n) kennst du?

2 Auch du schreibst mit deinem Leben Geschichte. Aber nicht jede echte Geschichte wurde auch aufgeschrieben, manch eine geht verloren, weil sie nicht erzählt oder niedergeschrieben wird. Hast du schon einmal recherchiert, woher du und deine Familie kommen? Zeichne deinen eigenen Stammbaum – die Geschichte deiner Familie – hierher! Du kannst ihn so ähnlich wie das Muster hier gestalten.

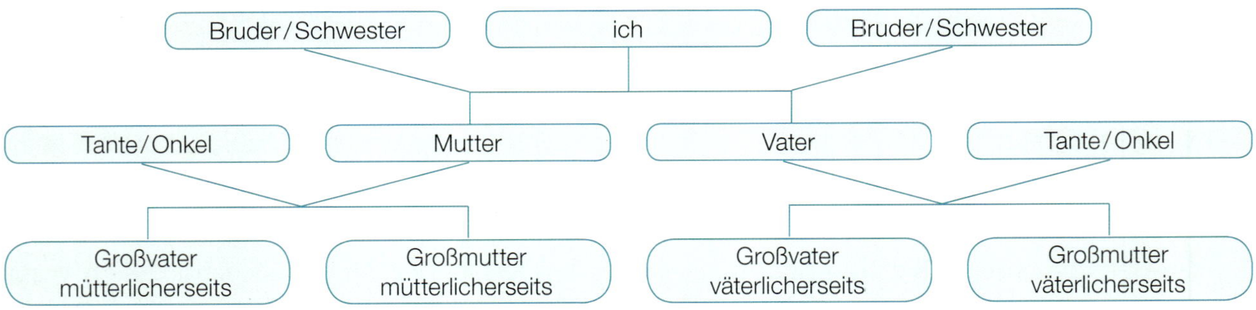

Die Geschichte der Propheten

1 An welche Propheten kannst du dich noch erinnern? Trage sie in den Stammbaum ein.

Die Sira des Propheten Muhammad ﷺ

Aus früheren Kapiteln weißt du bereits, dass die Sunna die zweite Quelle des Islam ist. Die frühen Muslime schrieben aber nicht nur die Ahadith auf, sondern merkten sich die Situationen und Ereignisse, welche im Leben des Propheten Muhammad ﷺ stattfanden. Diese schrieben sie in der Sira, der Lebensgeschichte des Propheten Muhammad ﷺ, nieder. Beim Lesen der Sira können wir den Propheten ﷺ näher kennenlernen. Sein Beispiel, seine Handlungen und Worte lehren uns, wie wir ein glückliches Leben führen können und dabei auch Allah سبحانه وتعالى näherkommen.

CD Track 18–26 – Hört und lest die Geschichte.

18 Die Zeit vor der Offenbarung

Die Geschichte unseres Propheten Muhammad ﷺ beginnt in der Stadt Mekka auf der arabischen Halbinsel. Die Ka'ba, die von dem Propheten Ibrahim und seinem Sohn Ismail عليه السلام erbaut worden war, war mit der Zeit neben einer Pilgerstätte zum Mittelpunkt eines Handels- und Marktplatzes geworden, wo sich Menschen aus aller Welt trafen. Nur wenige Menschen glaubten daran, dass es nur einen einzigen Gott gibt. In und auf der Ka'ba befanden sich Bilder und Statuen von 360 Götzen, die alle angebetet wurden – je nachdem, worum man bat.

Die Vorfahren des Propheten Muhammad ﷺ lebten schon lange in Mekka, ihr Stammbaum geht über Ismael, Ibrahim und Nuh direkt bis zu Adam عليه السلام, dem Urvater der Menschheit, zurück. Muhammads ﷺ Großvater Abdulmuttalib war vom Stamm der Quraisch. Er genoss in Mekka ein hohes Ansehen, denn er war ein Hüter der Ka'ba, und auch sein Vater 'Abdullah und seine Mutter Amina waren für ihren guten Charakter und ihre edle Gesinnung bekannt.

Kurz bevor Muhammad ﷺ im Jahre 570 n. Chr., dem sogenannten Jahr des Elefanten, geboren wurde, verstarb sein Vater 'Abdullah – ohne seinen Sohn jemals gesehen zu haben. Auch von seiner Mutter wurde Muhammad ﷺ schon sehr früh getrennt, denn jede Familie in Mekka bemühte sich darum, ihre Neugeborenen zu einer Familie im umgebenden Land zu geben, damit sie sich besser entwickelten. Auch Muhammad ﷺ kam als kleines Baby zu der Amme Halima vom Stamme der Banu Sa'd.

Muhammad ﷺ wuchs zu einem gesunden Kind heran. In seiner Umgebung wuchs und gedieh alles auf wundersame Art und Weise, und seine Gastfamilie wollte ihn gar nicht mehr hergeben. Als er aber fünf Jahre alt war, wurde es höchste Zeit, dass er zu seiner Mutter zurückkam. Doch das Glück währte nicht lange. Als Muhammad ﷺ sechs Jahre alt war, starb seine Mutter Amina, und auch sein Großvater Abdulmuttalib, bei dem er nun blieb, starb zwei Jahre später.

So kam es, dass Muhammads ﷺ Onkel Abu Talib, ein Bruder seines Vaters, ihn zu sich nahm und für ihn wie für einen eigenen Sohn sorgte. Abu Talib war ein Händler wie viele Mekkaner. Muhammad ﷺ begleitete ihn oftmals bei Geschäften und wurde mit heranwachsendem Alter ebenfalls Kaufmann.

Die Jahre vergingen und Muhammad ﷺ wurde erwachsen. Alle Leute liebten ihn und vertrauten ihm; denn er war bekannt für seine Ehrlichkeit, Aufrichtigkeit, Hilfsbereitschaft, Sanftmut und Güte. Allah ﷻ hatte ihn in jeder Hinsicht mit dem edelsten Charakter gesegnet. Die Bewohner von Mekka nannten ihn daher „Al-Amin“, das heißt der Vertrauenswürdige.

Als er 25 Jahre alt war, heiratete ihn die reiche Kauffrau Chadidscha رضي الله عنها. Sie bekamen sechs Kinder, vier Mädchen – Zainab, Ruqaya, Um-Kulthum und Fatima – und zwei Jungen: Al-Qasim und ʻAbdullah. Beide Knaben starben noch im Kindesalter, die Töchter aber wuchsen gesund heran.

Muhammad ﷺ war ein nachdenklicher Mensch, der sich immer wieder in eine Höhle nahe Mekka zurückzog, um über Allah ﷻ und die Welt nachzudenken. Er konnte nicht verstehen, dass die Mekkaner neben Allah ﷻ auch ihre selbstgemachten Steingötzen anbeteten.

1 Was fällt dir ein, wenn du über die Kindheit des Propheten ﷺ nachdenkst?

2 Für welche Eigenschaften war der Prophet Muhammad ﷺ bekannt? Warum sind diese Eigenschaften für einen Propheten notwendig? Begründe deine Antwort.

3 Kennst auch du eine sehr vertrauenswürdige Person? Beschreibe, was das Besondere an ihr ist.

19 Die 1. Offenbarung – IQRA'

Im Jahre 610 wurde Muhammad ﷺ 40 Jahre alt. Im Monat Ramadan begab er sich wieder zum Nachdenken auf Dschabal an-Nur, den Berg des Lichtes, in die Höhle Hira'. Wieder dachte er über Allah سبحانه وتعالى, Seine Schöpfung und die Menschen nach, die so sinnlos ihre Lebenszeit verbrachten. Eines Tages stand plötzlich der Engel Dschibril عليه السلام vor ihm und sagte: „Lies!" Muhammad ﷺ erschrak und erwiderte: „Ich kann nicht lesen." Da presste ihn der Engel so fest an sich, dass Muhammad ﷺ dachte, es nicht mehr aushalten zu können. Der Engel ließ ihn los und sagte erneut: „Lies!"
Wieder antwortete er: „Ich kann nicht lesen." Da umklammerte der Engel ihn zum zweiten Mal so fest, dass Muhammad ﷺ es kaum noch ertragen

en.wikipedia.org/Nazli/20140506

konnte, und sagte wieder: „Lies!" Wieder sagte er: „Ich kann nicht lesen."
Da ergriff ihn der Engel und drückte ihn zum dritten Mal, ließ ihn dann los und trug die erste Offenbarung des Qur'an vor:

Lies im Namen deines Herrn, Der erschuf. Er erschuf den Menschen aus Alaq. Lies; denn dein Herr ist allgütig, Der mit der Feder lehrte; Er lehrte den Menschen, was er nicht wusste.
(Sura 96:1–5)

بِسۡمِ ٱللَّهِ ٱلرَّحۡمَٰنِ ٱلرَّحِيمِ
ٱقۡرَأۡ بِٱسۡمِ رَبِّكَ ٱلَّذِي خَلَقَ ﴿١﴾
خَلَقَ ٱلۡإِنسَٰنَ مِنۡ عَلَقٍ ﴿٢﴾ ٱقۡرَأۡ وَرَبُّكَ ٱلۡأَكۡرَمُ ﴿٣﴾
ٱلَّذِي عَلَّمَ بِٱلۡقَلَمِ ﴿٤﴾ عَلَّمَ ٱلۡإِنسَٰنَ مَا لَمۡ يَعۡلَمۡ ﴿٥﴾

Muhammad ﷺ wiederholte diese wundervollen Worte und es war, als ob diese in sein Herz geschrieben seien. Da verschwand der Engel, um kurz danach wiederzukommen und zu rufen: *„Muhammad, du bist der Gesandte Allahs, und ich bin der Engel Dschibril!"*
Muhammad ﷺ war sehr beeindruckt und aufgewühlt. Eiligst machte er sich auf den Heimweg zu seiner Frau Chadidscha رضي الله عنها. Er fürchtete sich wie nie zuvor in seinem Leben, denn er wusste nicht, was mit ihm geschehen war. Als er endlich bei Chadidscha رضي الله عنها ankam, bat er sie: „Bedecke mich! Bedecke mich!" Chadidscha رضي الله عنها hüllte ihn in einen Umhang und fragte, was geschehen sei. Muhammad ﷺ erzählte ihr alles und fragte sie: „Was geschieht mit mir? Ich habe Angst."
Chadidscha رضي الله عنها tröstete ihn und flüsterte: „Sei guten Mutes! Du hast nichts zu befürchten. Niemals wird Allah dich verlassen – denn du bist immer gütig zu anderen, du bist ehrlich, hilfsbereit, gastfreundlich und unterstützt jede gerechte Sache."

(nach Buchari, Muslim)

1 Diskutiert in der Klasse/Gruppe: Worüber hat sich Muhammad ﷺ Gedanken gemacht?

2 Diskutiert in der Klasse/Gruppe:
Was sagt die erste Offenbarung an den Propheten ﷺ eurer Meinung nach aus?
Wie hat sich der Prophet ﷺ gefühlt, als er aus der Höhle lief?

Merke dir ...

Chadidscha رضي الله عنها war der erste Mensch in Mekka, der Muhammad ﷺ als den Propheten Allahs bestätigte.

20 Islam in Mekka

Auf die erste Botschaft Allahs ﷾, die der Engel Dschibril Muhammad ﷺ überbrachte, folgten noch weitere Offenbarungen, die immer wieder zur alleinigen Anbetung Allahs ﷾ aufforderten. Seit der ersten Offenbarung Allahs ﷾ an den Propheten ﷺ waren jetzt drei Jahre vergangen. Eine kleine Gruppe der Muslime, Verwandte und Freunde Muhammads ﷺ, hielt ihren Glauben immer noch vor den Bewohnern Mekkas geheim. Da befahl Allah ﷾ dem Propheten ﷺ, die Botschaft des Islam vor allen Menschen zu verkünden.

Der Prophet Muhammad ﷺ begann nun öffentlich über den Islam zu sprechen. Doch die Quraisch, der herrschende Stamm der Menschen im damaligen Mekka, stellten sich gegen Muhammad ﷺ, machten sich über ihn lustig und beschimpften ihn. In Mekka wurde die neue Religion immer bekannter, doch viele Stammesführer wollten weiter den Traditionen ihrer Väter folgen, denn sie fürchteten, dass ihre Macht gefährdet würde. Je mehr Anhänger der Prophet ﷺ hatte, desto wütender wurden sie. Sie verfolgten, quälten und töteten die Schwachen unter den Muslimen. Auch den Propheten ﷺ versuchten sie zu beeinflussen und schickten Abu Talib zu ihm, damit er mit ihm sprach. Doch Muhammad ﷺ antwortete eindeutig: *„O Onkel, ich schwöre bei Gott: Legten sie mir auch die Sonne in die rechte und den Mond in die linke Hand, damit ich damit aufhöre, so würde ich dies nicht tun."* Dann ging eine Gruppe der Quraisch zum Propheten ﷺ und sagte zu ihm: „O Muhammad, wir haben dich alle geliebt wegen deiner Hilfsbereitschaft und deiner Güte. Doch jetzt beleidigst du unsere Götter, indem du sie öffentlich ablehnst, und unsere alten Sitten. Damit hast du unseren Stamm in zwei Lager gespalten. Warum tust du das? Möchtest du reich werden, so geben wir dir so viel Geld, wie du willst. Oder wenn du ein König sein möchtest, so machen wir dich zu unserem König, nur hör auf, vom Islam zu reden."

Muhammad ﷺ konnte all dies nicht annehmen – denn er war weder an Geld noch an Macht interessiert. Er war ja nur ein Verkünder der Botschaft Allahs, die alle Menschen daran erinnern sollte, dass sie Geschöpfe Allahs ﷾ seien und die Zeit ihres Lebens gut nützen sollten. Es ging ihm eben nicht darum, in dieser Welt Geld und Macht zu erlangen – sondern innere Zufriedenheit und Verantwortlichkeit für die Menschen und die Schöpfung insgesamt.

Wusstest du … dass viele der ersten Muslime von ihren Eltern und Familien verfolgt wurden, weil sie den Islam angenommen hatten?

1 Überlege:

- Warum hat der Prophet ﷺ am Anfang nicht allen Menschen vom Islam erzählt?
- Kennst auch du Situationen, in denen du nicht gerne über den Islam sprichst? Berichte.
- Warum ist der Prophet ﷺ nicht auf das Angebot der Mekkaner von Geld oder Macht eingegangen? Wäre dies für die Muslime nicht besser gewesen? Erkläre.

2 Warum waren die Mekkaner feindlich gegenüber der neuen Religion eingestellt? Welche Gründe waren dafür ausschlaggebend?

21 Der gerechte König Abessiniens

Die Quraisch waren gegen den Propheten ﷺ. Als sie sahen, dass Abu Talib seinen Neffen Muhammad ﷺ weiterhin beschützte, wurde ihr Zorn immer größer. Da sie gegen Muhammad ﷺ selbst nichts machen konnten, weil er zu ihrem Stamm gehörte, begannen sie, all die zu quälen, die den Islam angenommen hatten. Trotz alledem gab es immer mehr Leute, die im Islam die wahre Religion erkannten und Muslime wurden. Sie taten dies, obwohl sie wussten, dass sie verfolgt und gequält werden würden. Doch all das erschütterte sie nicht, so stark war ihr Iman und ihre Überzeugung in Allah سبحانه وتعالى und den Propheten ﷺ.

Viele Sklaven und arme Familien ohne Schutz waren Muslime geworden. Einige wurden gefoltert und manche sogar getötet. Deshalb riet der Prophet ﷺ ihnen, auszuwandern. *„Geht nach Abessinien"*, sprach er, *„wo ein gerechter König herrscht."* So machte sich eine Gruppe von 83 Muslimen – Männer, Frauen und Kinder – nach Abessinien auf, dem heutigen Äthiopien. Dort konnten sie tatsächlich frei und in Frieden leben. Dies war die erste Hidschra.

Als die Quraisch davon hörten, schickten sie zwei Botschafter zum König von Abessinien. Sie brachten ihm Geschenke, verlangten aber von ihm, dass er die Muslime auslieferte. Der Negus von Abessinien, der ein Christ und für seine Gerechtigkeit bekannt war, sagte jedoch: „Ich liefere niemanden grundlos aus, der bei mir Schutz sucht." Er gab ihnen die Möglichkeit, ihre Sichtweise zu erklären. Die kleine Gruppe der Muslime verteidigte sich also vor dem Negus und trug auch Verse aus dem Qur'an vor, welche von Isa und Mariam عليهما السلام handelten. Die Quraisch hatten dem Negus nämlich weismachen wollen, dass die Muslime den Christen feindlich gesonnen seien, weil sie Jesus nicht als Sohn Gottes anerkannten – aber weit gefehlt! Der Negus war von der Schönheit des Qur'an ergriffen und sagte nur: „Wir beide schöpfen aus der gleichen Quelle!"

Die Männer der Quraisch sandte er mit all ihren Geschenken wieder nach Hause – sie hatten nicht erreicht, was sie wollten, im Gegenteil: Die Muslime durften in Abessinien bleiben und den Islam in Freiheit und Anerkennung leben.

1 Warum wanderten die Muslime nach Abessinien aus? Was war das Besondere am dortigen König? Was wollten die Botschafter der Quraisch beim Negus erreichen?

2 Was meinte der Negus mit: „Wir beide schöpfen aus der gleichen Quelle"?

3 Was ist unbedingt notwendig, um in einem Land seine Religion frei ausüben zu können? Wie sieht die Lage der Muslime in Österreich aus? Kennst du auch Muslime, die aus ihrem Heimatland ausgewandert sind?

WUSSTEST DU … „Negus" war der Herrschertitel bei den Abbessiniern – etwa so, wie „Cäsar" (Kaiser) der Titel bei den Römern war.

22 Die Hidschra – die Auswanderung

Im Jahr 619 n. Chr., zehn Jahre nach der ersten Offenbarung, litt der Prophet ﷺ sehr, da innerhalb kurzer Zeit seine Frau Chadidscha ﵂ und sein Onkel Abu Talib verstorben waren. Chadidscha ﵂ war ihrem Mann stets eine Hilfe und eine Stütze gewesen; sie hatte ihm in den schwersten Zeiten seines Lebens Mut zugesprochen. Abu Talib war kein Muslim gewesen, doch hatte er dem Propheten ﷺ immer geholfen und ihn vor den Quraisch in Schutz genommen. Jetzt hatte Muhammad ﷺ beider Hilfe und Schutz verloren. Nun begannen die Quraisch damit, den Propheten ﷺ so zu demütigen und zu unterdrücken, wie sie es zu Lebzeiten Abu Talibs nie gewagt hätten.

Auch andere Muslime wurden verfolgt, beschimpft, ausgeschlossen, gedemütigt und ignoriert. Trotzdem setzten sich die Muslime niemals gegen die Quraisch zur Wehr. Als die Qualen zu schlimm wurden, empfahl der Prophet Muhammad ﷺ den Muslimen, nach Medina auszuwandern, denn dort lebten Menschen, die sie zu sich eingeladen hatten. Immer mehr Muslime machten sich auf den Weg dorthin. Schließlich waren nur noch der Prophet ﷺ, sein bester Freund Abu Bakr ﵁ und ein paar wenige andere Muslime in Mekka. Die Quraisch hatten Sorge, dass die Muslime in Medina den Islam weiter verbreiten und weitere Anhänger gewinnen könnten. Für sie gab es nur eine Lösung, und die lautete: Muhammad zu töten! Sie dachten, dass sein Tod automatisch das Ende des Islam bedeuten würde. So planten sie mehrfach, den Propheten ﷺ zu ermorden, was ihnen aber nicht gelang. Stattdessen erlaubte Allah ﷻ dem Propheten Muhammad ﷺ, mit seinem Freund Abu Bakr ﵁ nach Medina auszuwandern.

Die Bewohner Medinas erwarteten den Propheten ﷺ sehnsüchtig, alle wünschten, dass er ihr Gast werde. Seine erste Handlung war der Bau einer Moschee. Die Ansar, die Bewohner Medinas, halfen ihren Geschwistern aus Mekka, so gut sie konnten. Sie nahmen sie in ihren Häusern auf und teilten ihren Besitz mit ihnen, da viele Muhadschirun – Auswanderer – all ihr Hab und Gut zurückgelassen hatten. Endlich gab es eine Stadt, in der die Muslime ihren Glauben frei ausüben konnten! Die Hidschra fand im Jahre 622 (n. Chr.) statt. Weil sie für den Islam so bedeutend war, gilt sie als Beginn der islamischen Zeitrechnung.

1 Beschreibe die Bewohner Mekkas und Medinas. Worin unterschieden sie sich zur Zeit des Propheten ﷺ?

2 Suche eine Umrechnungstabelle für den gregorianischen und den islamischen Kalender. Schreibe die Monatsnamen des islamischen Kalenders auf. Berechne auch deinen Geburtstag im Hidschri-Kalender.

3 Überlege: Wie verhält sich der Mondkalender zu den Jahreszeiten? Welche Folge hat dies z. B. für den Monat Ramadan?

Wusstest du … Die islamische Zeitrechnung geht nach dem Mondkalender, der pro Jahr um 10–11 Tage kürzer als der Sonnenkalender ist. 2015 n. Chr. ist das Jahr 1436 n. H.

23 Islam in Medina

Als die Quraisch und die Bewohner von Mekka hörten, dass es den Muslimen in Medina gut ging, missfiel ihnen das sehr. So kam es stets zu neuen Spannungen und kriegerischen Auseinandersetzungen zwischen den Quraisch und den Muslimen. Im sechsten Jahr nach der Hidschra beschloss der Prophet ﷺ, mit seinen Gefährtinnen und Gefährten nach Mekka zu pilgern und gleichzeitig die dortigen Familienangehörigen wiederzusehen. Doch die Quraisch weigerten sich, die Muslime in die Stadt Mekka einzulassen. Da der Prophet ﷺ keine Kämpfe mit den Quraisch wollte, begann er mit ihnen zu verhandeln. Erst nach langen Verhandlungen und langem Ringen schlossen die Muslime mit den Quraisch den bekannten Friedensvertrag von Al-Hudaibiyya, der einen 10-jährigen Frieden bringen sollte – endlich!

24 Die Befreiung Mekkas

Leider währte der Frieden mit den Quraisch nicht lange, denn in der Zeit des Friedens hatte sich der Islam immer mehr auf der arabischen Halbinsel verbreitet. Botschafter des Propheten Muhammad ﷺ zogen in alle Welt, um die Menschen zum Islam einzuladen. Die Quraisch konnten es nicht ertragen, dass sie nicht die alleinige Herrschaft über die arabischen Stämme hatten. Schon nach etwa zwei Jahren brachen sie den Friedensvertrag – sodass der Prophet Muhammad ﷺ sich gezwungen sah, mit vielen Muslimen Richtung Mekka zu ziehen. Als die Anführer der Quraisch die große Anzahl der Muslime sahen, die sich rund um Mekka aufgestellt hatten, erkannten sie, dass es völlig zwecklos war, sich auf einen Kampf einzulassen. Der Prophet ﷺ beruhigte sie und versprach ihnen: *„Jeder, der in seinem Haus bleibt, und jeder, der in der Kaʿba Schutz sucht, wird in Sicherheit sein."* So wurde Mekka fast ohne Blutvergießen befreit, und auch die Kaʿba war kein Ort der unzähligen Götzen mehr.

Nach der Befreiung Mekkas war es den Muslimen erstmals möglich, in Frieden und Freiheit den Islam zu leben und auch bei der Kaʿba zu beten oder zur Kaʿba zu pilgern.

Trotzdem blieb der Prophet ﷺ nicht in Mekka – er kehrte in seine neue Heimatstadt zurück, die ab diesem Zeitpunkt und bis heute nur noch *die Stadt*, die *erleuchtete Stadt* oder auch die *Stadt des Propheten* genannt wird: al-Medina – al-Madina al-Munawara – Madinatu-n-Nabi.

Im Jahre zehn der Hidschra, also 23 Jahre nach der ersten Offenbarung, zog der Prophet ﷺ noch einmal mit vielen anderen Muslimen gemeinsam nach Mekka, um die Pilgerfahrt zu verrichten. In diesem Jahr pilgerten über hunderttausend Muslime aus allen Teilen Arabiens zur Kaʿba. Auf dieser Pilgerfahrt hielt der Prophet Muhammad ﷺ vor der großen Versammlung der Muslime seine Abschiedspredigt, die Hudschatul-Wadaaʾ. Bald danach wurden in der Nähe des Berges Arafat folgende Worte hinabgesandt:

Heute habe Ich euch euren Glauben vollendet und Meine Gnade an euch erfüllt, und es ist Mein Wille, dass der Islam eure Religion ist.
(Sura 5:3)

ٱلْيَوْمَ أَكْمَلْتُ لَكُمْ دِينَكُمْ وَأَتْمَمْتُ عَلَيْكُمْ
نِعْمَتِى وَرَضِيتُ لَكُمُ ٱلْإِسْلَٰمَ دِينًا ... ﴿٣﴾

Wusstest du … Jedes Jahr vollziehen rund 3 Millionen Muslime die Hadsch, die Pilgerfahrt des Islam nach Mekka zur Ka'ba!

25 Der Prophet ist nur ein Mensch

Nach der Pilgerfahrt kehrte der Prophet ﷺ nach Medina zurück. Schon kurze Zeit später, im Alter von 63 Jahren, erkrankte er schwer. Weil er nicht mehr in der Lage war, das Gebet in der Moschee zu leiten, bestimmte er, dass Abu Bakr رضي الله عنه, sein treuer Freund, dies tun solle. Bald darauf starb der vielgeliebte Prophet Muhammad ﷺ. Er hatte seine Pflicht gegenüber Allah ﷻ treu erfüllt. Als die Muslime hörten, dass der Prophet ﷺ gestorben war, konnten sie es zuerst gar nicht fassen. Viele sagten sogar, dass es nicht wahr sei und dass er noch lebe. Da rezitierte Abu Bakr رضي الله عنه aus dem Qur'an:

Muhammad ist nur ein Gesandter. Vor ihm hat es schon viele Gesandte gegeben. Wenn er stirbt oder getötet wird, werdet ihr euch dann von ihm abwenden? Und wer sich abwendet, der wird Allah keinen Schaden zufügen. Allah aber wird die Dankbaren belohnen.
(Sura 3:144)

وَمَا مُحَمَّدٌ إِلَّا رَسُولٌ قَدْ خَلَتْ مِن
قَبْلِهِ ٱلرُّسُلُ ۚ أَفَإِين مَّاتَ أَوْ قُتِلَ ٱنقَلَبْتُمْ عَلَىٰٓ
أَعْقَٰبِكُمْ ۚ وَمَن يَنقَلِبْ عَلَىٰ عَقِبَيْهِ فَلَن يَضُرَّ
ٱللَّهَ شَيْـًٔا ۗ وَسَيَجْزِى ٱللَّهُ ٱلشَّٰكِرِينَ ﴿١٤٤﴾

Da war allen klar: Der Prophet Muhammad ﷺ war gestorben, weil auch er nur ein Mensch, wenngleich ein sehr besonderer Mensch, gewesen war.
Er wurde in Medina an der Stelle beerdigt, an der er gestorben war: in seinem Haus, das direkt an die Prophetenmoschee angrenzte. Alle Muslime, Männer, Frauen und Kinder, verabschiedeten sich von ihrem geliebten Propheten ﷺ – und wussten, dass mit seinem Tod auch die Offenbarung des Qur'an beendet war.
Viele von ihnen fühlten sich verpflichtet, in die Welt zu reisen und anderen Völkern den Qur'an und die Sunna zu überbringen. Andere blieben in Medina und auf der arabischen Halbinsel und kümmerten sich darum, dass die Quellen gesichert und den nachfolgenden Generationen unverfälscht übergeben werden konnten.

Noch heute lernen viele Muslime auf der ganzen Welt den Qur'an und die Ahadith auswendig, um sie wortgetreu weitergeben zu können.
Mehr als eine Milliarde Muslime folgen Muhammad ﷺ heute auf der ganzen Welt. Allahs ﷻ Segen und Frieden seien auf dem geliebten Propheten Muhammad ﷺ.

Alamy/Tengku Mohd Yusof

Überprüfe dein Wissen!

1 Wichtigste Daten und Fakten – trage die fehlenden Daten in den Zeitstrahl ein:

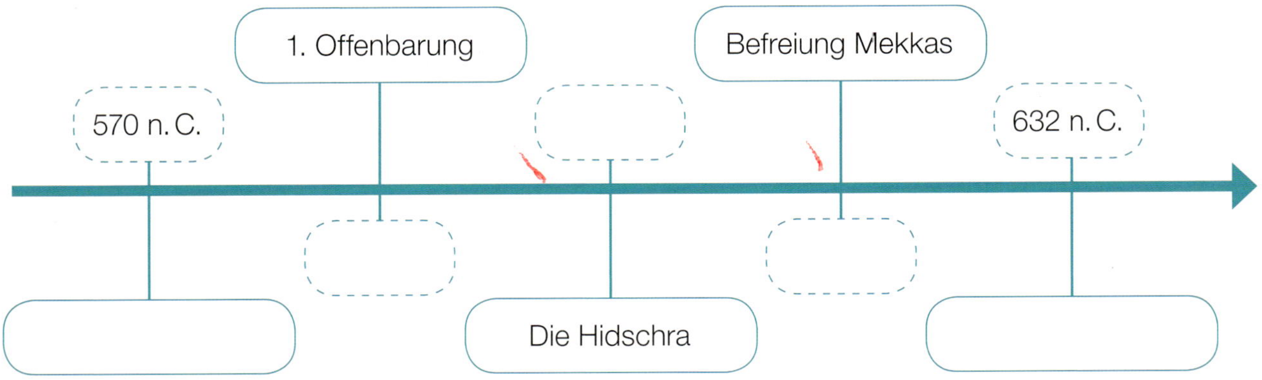

H **2** Beantworte folgende Fragen zur Sira und schreibe die Antworten in dein Heft.

a) Welche Meinung hatten die Menschen vom Propheten ﷺ vor der 1. Offenbarung?

b) Wieso lehnten die Menschen in Mekka die Botschaft Allahs سبحانه وتعالى ab?

c) Was alles boten die Quraisch dem Propheten ﷺ, damit er aufhöre, den Islam zu verkünden?

d) Wie war es für Muslime möglich, in Abessinien zu leben?

3 Wie verstehst du den letzten geoffenbarten Vers an Muhammad ﷺ ?

Heute habe Ich euch euren Glauben vollendet und Meine Gnade an euch erfüllt, und es ist Mein Wille, dass der Islam eure Religion ist.
(Sura 5:3)

ٱلْيَوْمَ أَكْمَلْتُ لَكُمْ دِينَكُمْ وَأَتْمَمْتُ عَلَيْكُمْ
نِعْمَتِى وَرَضِيتُ لَكُمُ ٱلْإِسْلَـٰمَ دِينًا ... ﴿٣﴾

4 Wenn du die Möglichkeit hättest, den Propheten ﷺ zu treffen, welche Fragen würdest du ihm stellen? Was würdest du ihm gerne erzählen?

5 Markiere die im Buchstabenrätsel versteckten Wörter. Dies sind Eigenschaften des Propheten Muhammad ﷺ („Muhammad, der …").

- al-Amin
- Ehrliche
- Friedliche
- Gerechte
- Kluge
- Großzügige
- Treue
- Gutherzige
- Geduldige
- Respektvolle
- Sanftmütige
- Demütige

					N	D	I	O	Y					
			W	J	K	C	C	T	G	I	P			
		E	D	S	I	B	P	L	R	T	R	S		
	F	R	I	E	D	L	I	C	H	E	E	A	E	
	G	R	O	ß	Z	Ü	G	I	G	E	S	A	H	
G	E	D	U	L	D	I	G	E	G	Q	P	F	R	I
V	R	G	U	T	H	E	R	Z	I	G	E	T	L	E
D	E	M	Ü	T	I	G	E	Q	A	S	K	M	I	T
J	C	F	R	E	T	R	E	U	E	O	T	Ü	C	A
G	H	Q	A	L	A	M	I	N	V	T	H	Z	U	N
	T	I	S	B	Q	A	D	K	P	L	O	I	E	
	E	U	H	V	ß	A	C	L	U	L	L	G	S	
		V	D	L	D	I	B	U	I	W	L	E		
			C	P	M	W	B	G	K	E	E			
					U	M	E	E	U					

Lied zum Propheten ﷺ

CD Track 27 – Sing mit!

Der letzte aller Propheten Muhammad ﷺ

CHORUS:
Gottes Frieden und Segen auf ihm
Sallallahu alayhi wa sallam
Gottes Frieden und Segen auf ihm
Wir lieben dich o Muhammad

Er war ein Lehrer für die Menschen, zeigte uns den Weg zu Gott.
Seine Worte und seine Taten sollen für uns Rechtleitung sein.

CHORUS

Er hatte eine reine Seele, war ein ganz besonderer Mensch,
auf seinen Lippen immer ein Lächeln, sein Gesicht strahlte heller als der Mond.

CHORUS

Er liebte alle Kinder und grüßte sie, wenn er sie sah,
er nahm sie in seine Arme und fand sie wunderbar.

CHORUS

Er half den armen Menschen, hatte immer ein freundliches Wort,
ganz egal woran sie glaubten, er war ein Freund in jeder Not.

CHORUS

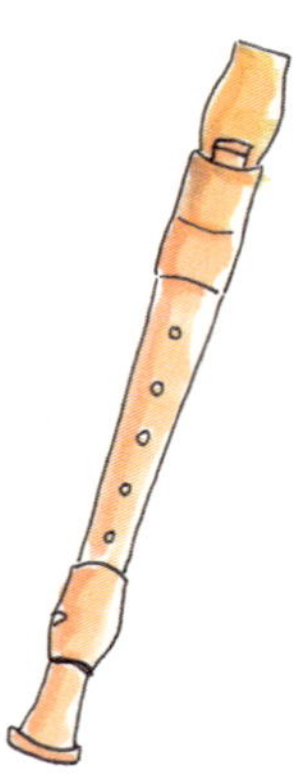

Er gab den Menschen Rechte, stellte Männer und Frauen gleich,
damit sie einander helfen wie Geschwister jederzeit.

CHORUS

Adam, Noah, Moses und Jesus waren Propheten so wie er,
doch der letzte aller Propheten war Muhammad rasulullah.

CHORUS

(Text: Susanne Benhouhou-Baier, entommen aus: Kinderchor Hilal: Wir lieben dich, 2007 (CD))

1 Lernt das Lied und singt es in der Klasse.

Freunde des Propheten ﷺ: Abu Bakr as-Siddiq ؓ

„Die besten unter den Menschen sind meine Generation (Sahaba), dann jene nach ihnen (Tabi'un) und dann jene nach ihnen."

(Buchari, Muslim)

H **1** Welche Sahaba kennst du? Schreib ihre Namen auf.

„Niemand ist ein besserer Gefährte für mich gewesen als Abu Bakr", sagte der Prophet Muhammad ﷺ in seiner letzten Predigt. Außerdem sagte der Prophet ﷺ:
„Wenn ich einen besten Freund außer Allah nehmen würde, so wäre es Abu Bakr. Er ist vielmehr mein Bruder im Islam und mein Gefährte."

(Buchari)

26 Abu Bakr ؓ, ein reicher Kaufmann aus Mekka, war der beste Freund des Propheten Muhammad ﷺ und der erste Mann, der den Islam annahm. Sein ganzes Leben lang stand er auf der Seite des Propheten ﷺ und unterstützte ihn, wo immer er es konnte. Er sorgte sich weder um sein eigenes Leben noch um seinen eigenen Besitz, und es kümmerte ihn nicht, was andere über ihn sagten. Sein einziges Anliegen war, dem Gesandten Allahs ﷺ mehr als sonst jemandem beizustehen. Er hatte viele Freunde. Sie wussten, dass Abu Bakr ؓ aufrichtig und wahrheitsliebend war und niemals eine schlechte Sache unterstützen würde.

Abu Bakr ؓ war ungefähr zwei Jahre jünger als der Prophet ﷺ. Beide wurden in den Stamm der Quraisch hineingeboren, doch in unterschiedliche Familien. Abu Bakr ؓ stammte aus einer reichen Familie und wurde ein erfolgreicher Händler und Kaufmann.

Von früher Jugend an galt Abu Bakr ؓ als gutmütig und aufrichtig. Er war ehrlich und wahrheitsliebend und kam aus einer edlen Familie. Durch seine guten Charaktereigenschaften genoss er großes Ansehen und so gewann er auch die Freundschaft des jungen Muhammad ﷺ. Beide wurden schon in früher Jugend treue Freunde. Diese Freundschaft hielt ein Leben lang und machte Geschichte. Abu Bakr ؓ benutzte seinen Reichtum, um den Armen zu helfen. Er war sehr gutherzig und hatte einen festen Willen. Wenn er jemanden in Schwierigkeiten sah, wurde sein Herz weich und er half ihm mit all seinen Kräften. Wenn sein Geld Leid abschaffen konnte, sah er nicht darauf, wie viel er ausgab. Nichts konnte ihn davon abhalten, etwas zu tun, was er für richtig hielt.

Abu Bakrs ؓ Reichtum war für viele muslimische Sklaven die Rettung. Er kaufte sie ihren unmenschlichen Herren ab und gab ihnen die Freiheit. Bilal war einer dieser Sklaven, er war ebenfalls ein Sahabi des Propheten ﷺ und wurde später Gebetsrufer.

Abu Bakr ؓ war dem Propheten ﷺ immer sehr nahe. Er war der erste Mann, der den Islam annahm, und das sofort ohne zu zögern.

Der Prophet ﷺ sagte einmal selbst:
„Wahrlich, Allah entsandte mich zu euch und ihr sagtet: ‚Du lügst!', außer Abu Bakr, denn er sagte: ‚Du sprichst die Wahrheit.' Und er unterstützte mich immer mit seinem Leben und seinem Vermögen."

(Buchari)

„Der Gesandte Allahs ﷺ spricht immer die Wahrheit“, sagte Abu Bakr ؓ einmal. Als der Prophet ﷺ dies erfuhr, sagte er gleich: „Abu Bakr ist as-Siddiq!“ As-Siddiq (= der Wahrhaftige) ist jemand mit aufrichtigem und treuem Herzen. Abu Bakr ؓ bekam diesen Titel as-Siddiq, weil sein Glaube und seine Überzeugung so stark waren: Er zweifelte niemals an dem Propheten Muhammad ﷺ, seine Liebe zum Islam und zum Propheten ﷺ war dafür zu groß.

Abu Bakr ؓ wurde nach dem Tod des Propheten ﷺ zum ersten Kalifen (Nachfolger des Propheten ﷺ) ernannt und lebte noch zwei Jahre, bevor auch er starb.

Er war stets ein guter Freund für Muhammad ﷺ und auch für die anderen Menschen um ihn.

2 Überlege und diskutiere in der Gruppe: Wieso könnten die Sahaba für den Islam und für uns heutige Muslime wichtig sein?

3 Beantworte folgende Fragen:

a) Was bedeutet as-Siddiq und wieso bekam Abu Bakr ؓ diesen Titel?

b) Was macht eine gute Freundschaft aus?

c) Wie werde ich ein guter Freund (wie as-Siddiq)?

Der Prophet Yusuf عليه السلام, der Schatzmeister in Ägypten

Wusstest du ... Die Familie des Propheten Yusuf عليه السلام lebte in Palästina.

CD Track 28–33 – Hört und lest die Geschichte.

Das Land, in dem Yusuf wirkte

28 Yusufs عليه السلام Traum und Kindheit

Vor langer Zeit lebte ein kleiner Junge namens Yusuf. Er lebte zusammen mit seinen elf Brüdern glücklich bei seinen Eltern. Yusufs Vater war der Prophet Ya'qub, der Sohn von Ishaq, welcher der Sohn von Ibrahim und der jüngere Bruder von Ismail عليهم السلام war. Eines Tages hatte Yusuf عليه السلام einen seltsamen Traum, den er seinem Vater erzählte: „Mein Vater, ich habe elf Sterne und die Sonne und den Mond ..."

1 Willst du wissen, wie es weitergeht? Dann schau in deinem Mushaf nach!

a) Setze richtig ein: Name der Sura: ________, Nummer: ____, Anzahl der Ayat: ______, herabgesandt in: ________. Die Sura befindet sich in Dschuz'/Teil Nummer ____.

b) Ergänze die Ayat 4 und 5 aus der Sura:

„Als Yusuf zu seinem Vater sagte: ____

____

____

c) Besprecht in der Gruppe, welche Bedeutung diese Verse haben.

Merke dir ...

Die Quellen der Prophetengeschichten sind der Qur'an und die Sunna.

29 Yusuf عليه السلام im Gefängnis

Yusuf عليه السلام wuchs weit weg von seiner Familie in Ägypten zu einem jungen Mann heran. Allah سبحانه وتعالى schenkte ihm Schönheit, Wissen und Weisheit und lehrte ihn die Kunst der Traumdeutung. Zwar genoss Yusuf عليه السلام hohes Ansehen bei den Menschen in Ägypten, doch Neid und üble Nachrede brachte ihn wieder in Gefangenschaft. Er vertraute jedoch auf Allah سبحانه وتعالى, denn er wusste, dass alles so bestimmt war und er eines Tages den tieferen Sinn, der dahinter verborgen sein musste, verstehen würde. So verbrachte er geduldig und standhaft die Zeit, die er zu Unrecht im Gefängnis saß.

Mit ihm waren zwei Männer, die erkannten, dass er ein gottergebener und kluger Mann war. Sie vertrauten ihm ihre Träume an, damit er sie deute. Genauso, wie Yusuf عليه السلام die Träume deutete, geschah es dann auch: Beide kamen frei und einer wurde Hofdiener am Königshof.

Eines Tages hatte der König Ägyptens einen Traum: „In meinem Traum sah ich sieben fette

Kühe, die von sieben mageren Kühen verschlungen wurden, und ich sah sieben grüne Kornähren und sieben dürre. Was bedeutet mein Traum?", fragte er die Menschen um sich.

Doch keiner konnte diesen Traum erklären.

Da erinnerte sich der Hofdiener an Yusuf عليه السلام, ging zu ihm ins Gefängnis und berichtete ihm vom Traum des Königs.

Yusuf عليه السلام antwortete: „Ihr werdet sieben Jahre wie gewöhnlich säen, aber lasst alles, was ihr erntet, in seiner Ähre bleiben, ausgenommen nur ein wenig, von dem ihr essen dürft. Denn nach diesen Jahren kommen sieben harte Jahre, die alles verschlingen werden, was ihr für sie zurückgelegt habt. Und danach wird ein Jahr kommen, in dem die Menschen von aller Bedrückung erlöst sein werden."

Der König war von dieser Deutung des Traumes sehr beeindruckt und wollte Yusuf عليه السلام gleich sehen. Er wies an, dass er aus dem Gefängnis befreit werden sollte – aber Yusuf عليه السلام verlangte, dass das Unrecht, das ihm angetan worden war, bekannt gemacht wurde. Und so erfuhren alle Menschen, dass Yusuf عليه السلام zu Unrecht im Gefängnis gewesen war; erst dann ging Yusuf عليه السلام zum König.

2 **Diskutiert in der Klasse: Weshalb war Yusuf عليه السلام so geduldig? Überlege dir Situationen, in denen du geduldig sein musst!**

- Warum war es Yusuf wichtig, dass die Menschen erfuhren, dass ihm Unrecht geschehen war? Warum wollte er erst dann das Gefängnis verlassen?

3 **Was heißt es für dich, dass jemand „auf Allah سبحانه وتعالى vertraut"? Wie hat Yusuf عليه السلام das getan?**

30 Yusuf عليه السلام wird „Schatzmeister"

Als Yusuf عليه السلام zum König kam, wollte ihn dieser als Vertrauten bei sich haben – denn auch er erkannte, wie ehrlich und besonders Yusuf عليه السلام war. Yusuf عليه السلام wusste, wie schwierig die nächsten Jahre werden würden und wie wichtig es war, die Vorräte der fruchtbaren Jahre aufrichtig und vertrauensvoll zu verwahren, damit die Menschen während der sieben trockenen Jahre nicht verhungerten. Deshalb schlug er dem König vor: „Lass mich Verwalter über die Vorratskammern des Landes sein, und ich werde gut für alle sorgen."

So wurde Yusuf عليه السلام durch Allahs سبحانه وتعالى Fügung und Barmherzigkeit nicht nur befreit, sondern erhielt einen bedeutenden Platz beim König. Er war sich der großen Verantwortung gegenüber den Menschen bewusst und er wusste, dass in der Zeit der Dürre die Vorratskammern wertvoller als der größte Schatz der Welt sein würden.

Nachdem also sieben fruchtbare Jahre vergangen waren, in denen viele Vorräte aufbewahrt wurden, trat wie erwartet ein Mangel an Nahrungsmitteln ein, und es kamen viele Menschen aus Ägypten und den umliegenden Ländern zu Yusuf عليه السلام, um sich von ihm versorgen zu lassen.

Dass Yusuf عليه السلام bei der Verwaltung der Kornkammern ehrlich und gerecht war, sprach sich sogar bis zu seiner Familie herum. So reisten seine Brüder nach Ägypten, um Nahrungsmittel für die Familie zu erhalten. Nur sein kleinster Bruder blieb beim Vater.

4 Diskutiert in der Klasse:

- Wieso hatte der König wohl ein so großes Vertrauen in Yusuf عليه السلام?
- Wieso wurde Yusuf عليه السلام Verwalter der Vorratskammern des Königs?
- Gibt es Aufgaben, die dir anvertraut werden?

31 Yusuf عليه السلام und seine Brüder

Als seine Geschwister bei ihm eintrafen, erkannte Yusuf عليه السلام sie sofort, sie aber erkannten ihn nicht. Er ließ sich nichts anmerken und behandelte sie gastfreundlich, erkundigte sich jedoch nebenbei nach seiner Familie. Nachdem Yusuf عليه السلام ihnen ihr Maß gegeben hatte, sagte er: „Wenn ihr das nächste Mal wiederkommt, bringt mir euren anderen Bruder mit. Ich habe euch volles Maß gegeben, aber wenn ihr ihn mir nicht bringt, werdet ihr nie wieder ein einziges Maß von mir erhalten, noch wird euch erlaubt sein, mir nahe zu kommen!" Sie antworteten: „Wir werden versuchen, seinen Vater zu überreden, sich von ihm zu trennen, und wir werden unser Möglichstes tun."

Yusuf عليه السلام befahl seinen Dienern, seinen Geschwistern die Tauschware, gegen die sie das Getreide getauscht hatten, wieder zurück in ihr Reisegepäck zu packen, damit sie sie dort fänden, wenn sie nach Hause kamen. Als sie zu ihrem Vater zurückkehrten, baten sie ihren Vater, den jüngsten Bruder mit ihnen zu senden, damit sie wieder Getreide bekämen.

Ya'qub عليه السلام antwortete: „Soll ich ihn euch auf dieselbe Weise anvertrauen, wie ich euch schon einmal seinen Bruder anvertraute? Aber Allah ist der beste Beschützer, denn Er ist der Barmherzigste der Barmherzigen."

Als sie ihr Reisegepäck öffneten, entdeckten sie, dass ihnen ihre Tauschware zurückgegeben worden war, und sie baten ihren Vater noch einmal, den jüngsten Bruder mit ihnen zu schicken.

Da antwortete Ya'qub عليه السلام: „Ich werde ihn nicht mit euch schicken, bis ihr mir ein Versprechen vor Allah gebt, dass ihr ihn wirklich zu mir zurückbringen werdet, es sei denn, ihr werdet selbst festgenommen." Als sie ihm ihr Versprechen gegeben hatten, sagte er: „Allah ist Zeuge all dessen, was wir sagen." Und er fügte hinzu: „O meine Söhne! Geht nicht alle durch ein einziges Tor, sondern geht durch verschiedene Tore hinein. Doch kann ich euch von keinerlei Nutzen sein gegen irgendetwas, das von Allah gewollt sein mag. Das Urteil liegt allein bei Allah. Auf ihn habe ich mein Vertrauen gesetzt."

Als die Brüder wieder bei Yusuf عليه السلام ankamen, empfing dieser sie großzügig. Heimlich gab er sich seinem kleinsten Bruder zu erkennen. Da er seine Familie zu sich nach Ägypten holen wollte und dies nicht so einfach möglich war, musste er sich eine List ausdenken. Er gab seinen Brüdern ihr Maß an Getreide und versteckte unbemerkt einen Trinkbecher des Königs in der Satteltasche des jüngsten Bruders.

Als sich seine Brüder aufmachen wollten, rief jemand: „Ihr Leute der Karawane seid Diebe!" Die Brüder fragten verwundert: „Was vermisst ihr denn?" Als ihnen gesagt wurde, dass ein Trinkbecher des Königs verschwunden sei, gaben sie zur Antwort: „Wenn jemand von uns gestohlen hätte, so soll er zur Strafe hierbleiben, so wie es bei euch Gesetz ist." Alle Taschen wurden durchsucht, und schon bald wurde der Becher in der Satteltasche des Jüngsten gefunden. Die Brüder waren verzweifelt, denn sie erinnerten sich an ihr Versprechen gegenüber dem Vater. Sie flehten Yusuf عليه السلام an, ihren Bruder mit ihnen gehen zu lassen und einen der ihren an seiner Statt festzuhalten, doch Yusuf عليه السلام ließ dies nicht zu. So mussten die Brüder ohne den Jüngsten heimwärts ziehen und ihrem Vater die traurige Botschaft überbringen.

32 Yusuf عليه السلام gibt sich zu erkennen

Als Ya'qub عليه السلام erfuhr, dass er einen zweiten Sohn verloren hatte, vertraute er zwar weiterhin auf Allah سبحانه وتعالى, doch aus Kummer um Yusuf erblindete er. Er klagte Allah سبحانه وتعالى seine Not und seine Trauer, aber er wusste von ihm etwas, das seine Söhne nicht wussten. So sandte er sie ein weiteres Mal nach Ägypten mit dem Auftrag, etwas von Yusuf عليه السلام und seinem Bruder zu erfahren. Die Brüder kehrten also ein drittes Mal nach Ägypten zurück, um nach den verlorenen Brüdern zu suchen und gleichzeitig Nahrung für die Familie zu erwerben. Als sie Yusuf عليه السلام um eine großzügige Zuteilung baten, fragte er sie: „Habt ihr gewusst, was ihr mit Yusuf und seinem Bruder gemacht habt, als ihr Unwissende wart?" Sie riefen: „Bist du etwa Yusuf?" Er sagte: „Ich bin Yusuf, und dies ist mein Bruder, Allah war gütig zu uns. Ja, wer gottesfürchtig ist und geduldig ausharrt, dem versagt Allah die Belohnung nicht." Sie sagten: „Bei Allah, Allah hat dich uns vorgezogen, und wir haben wirklich falsch gehandelt." Er sagte: „Kein Vorwurf gegen euch heute, Allah verzeiht euch, und Er ist der Barmherzigste der Barmherzigen. Geht mit diesem meinem Hemd und legt es auf das Gesicht meines Vaters, er wird wieder sehen können, und kommt allesamt zu mir mit euren Familien." Als die Brüder diese Botschaft Ya'qub عليه السلام überbrachten, legten sie das Hemd von Yusuf عليه السلام auf Ya'qubs عليه السلام Gesicht. Durch Allahs Wunder konnte er wieder sehen und sagte: „Habe ich euch nicht gesagt, dass ich durch Allah mehr weiß als ihr?" „O Vater", sagten die Brüder, „bitte Allah um Vergebung für unsere Sünden, denn wir waren große Sünder." „Ja", erwiderte Ya'qub عليه السلام, „ich werde meinen Herrn für euch um Verzeihung bitten, Er ist der Verzeihende, der Barmherzige."

5 Wie verhielt sich Yusuf عليه السلام seinen Brüdern gegenüber, als er sie in Ägypten wiedersah? Wie würdest du an seiner Stelle handeln?

H
- Welche Eigenschaften Yusufs عليه السلام traten hier besonders hervor? Schreibe auf und begründe!

33 Yusufs عليه السلام Traum wird wahr

Und so zog Ya'qub عليه السلام mit seiner gesamten Familie zu Yusuf عليه السلام nach Ägypten. Wie glücklich war dieser, endlich wieder mit seiner großen Familie zusammen zu sein, und er sagte: „Lebt sicher und ruhig mit dem Willen Allahs hier in Ägypten! O Vater, jetzt ist mein Traum von damals wahr geworden!" Sonne und Mond in dem Traum waren nämlich Yusufs Eltern und die elf Sterne seine elf Brüder. Sie alle warfen sich vor Yusuf عليه السلام nieder. Und er sprach weiter: „Allah hat mir Gutes erwiesen, als Er mich aus dem Gefängnis befreite und euch durch die Wüste herkommen ließ, nachdem Schaitan zwischen mir und meinen Brüdern Unfrieden gestiftet hatte. Fürwahr, mein Herr findet Mittel und Wege für das, was Er will. Siehe, Er ist der Wissende, der Weise. Mein Herr, Du gabst mir die Herrschaft und lehrtest mich die Deutung des Geschehenen. Schöpfer der Himmel und der Erde, Du bist mein Beschützer in dieser Welt und in der Nächsten. Lass mich als Gottergebener sterben und vereine mich mit den Guten."

(nach Qur'an 12:4–101)

6 Welche Bedeutung könnte der Traum im Leben Yusufs عليه السلام gehabt haben?

7 Wen machte Yusuf عليه السلام für den Streit mit seinen Brüdern verantwortlich? Überlegt gemeinsam, welche Weisheit darin steckt!

8 Kannst du dich an eigene Streitsituationen erinnern? Wem hast du die Schuld gegeben?

7 ISLAM UND GEWALT PASSEN NICHT ZUSAMMEN

Wer ist der „Stärkere“?

Draußen hat es 20° C. Es ist Samstag. Ein wolkenloser Himmel spannt sich über die Stadt. Perfektes Wetter, um Fußball zu spielen. Hamza geht zum Fußballplatz und schließt sich der Gruppe an, die dort gerade spielt. Nach kurzer Zeit wird Hamza von Mustafa gefoult. „He, was soll das, pass gefälligst auf!“, schreit Hamza Mustafa an. Andere Spieler rempeln Mustafa, der aber wehrt sich, stößt die Anderen weg – und da wird er plötzlich selbst geschlagen.

1 Wie, meinst du, wird Mustafa reagieren?

2 Wäre der Streit vermeidbar gewesen? Wer könnte wie reagieren?

3 Was bedeutet für dich „Stärke“? Schreibe es nieder und besprich es mit den anderen Schülerinnen und Schülern in der Klasse.

Der Prophet Muhammad ﷺ forderte von den Muslimen, dass sie weder Tieren Leid zufügen noch die Umwelt zerstören dürften. Er unterstrich immer wieder, dass Gewalt keine Lösung ist. „Stärke“ definierte er nicht mit körperlicher, sondern mit seelischer und emotionaler Stärke. Auf diese Weise machte er klar, dass es oft viel schwieriger ist, seinen Zorn zu unterdrücken, als gewalttätig auf eine Situation zu reagieren:

„Der wahre Starke ist nicht derjenige, der in einem Ringkampf siegt, sondern der wahre Starke ist derjenige, der sich in seinem Zorn beherrscht.“
(Buchari, Muslim)

Tu, was du sagst!

O die ihr glaubt, warum sagt ihr, was ihr nicht tut? (Sura 61:2)

يَٰٓأَيُّهَا ٱلَّذِينَ ءَامَنُواْ لِمَ تَقُولُونَ مَا لَا تَفۡعَلُونَ ۝٢

1 a) Was sagt das Bild aus?

b) Hast du schon erlebt, dass Menschen Dinge sagen, an die sie sich selbst nicht halten? Warum ist es manchmal so schwer, sich an das zu halten, was man sich vorgenommen hat? Erzähle.

c) Wie würdest du Gewalt beschreiben? Wie schützt du dich vor Gewalt?

Was sagt der Islam zu Gewalt?

Und die Diener des Erbarmers sind die, die demütig auf der Erde umhergehen und, wenn die Törichten sie anreden, sagen: „Frieden!“. (Sura 25:63)

وَعِبَادُ ٱلرَّحْمَٰنِ ٱلَّذِينَ يَمْشُونَ عَلَى ٱلْأَرْضِ
هَوْنًا وَإِذَا خَاطَبَهُمُ ٱلْجَٰهِلُونَ قَالُوا۟ سَلَٰمًا ﴿٦٣﴾

Der Islam lehnt Gewalt ab. Der Prophet Muhammad ﷺ verurteilte Gewalttätigkeit und lobte die Sanftmut. Seine Frau ‘A’ischa رضي الله عنها berichtete über ihn, dass er niemals in seinem Leben Gewalt gegen einen Menschen oder ein Tier ausübte.

GA **1** Besprecht miteinander:

a) Hast du schon einmal Gewalt erlebt oder beobachtet? Wie war deine Reaktion?

b) Hast du schon einmal erlebt, wie jemand seinen Zorn beherrschte? Wie ging sie oder er vor? Oder hast du eine Idee, wie dies funktionieren könnte?

„Die Sanftheit ist in keiner Sache, ohne dass sie diese schmückt und erhebt, und sie wird keiner Sache entzogen, ohne dass diese verunstaltet und erniedrigt wird.“
(Muslim)

„Allah ist sanftmütig und liebt die Sanftmütigkeit.“
(Buchari, Muslim, Tirmidhi, Abu Dawud, Nisa’i, Ibn Madscha)

„Muslim ist jemand, vor dessen Zunge und Hand die Menschen sicher sind …“
(Buchari, Muslim, Tirmidhi, Abu Dawud, Nisa’i)

„Wem die Sanftmütigkeit verwehrt ist, dem ist alles Gute verwehrt.“
(Muslim, Abu Dawud, Ibn Madscha)

Es ist überliefert, dass der Prophet ﷺ einem Mann, der ihn um einen Ratschlag in der Religion bat, mehrfach empfahl: „Werde nicht zornig!“
(Buchari, Muslim, Tirmidhi)

2 Wähle einen Ausspruch des Propheten ﷺ und überlege, was dieser damit gemeint hat. Suche nach Beispielen, die den Ausspruch besser verstehen helfen, und stelle ihn in der Klasse vor.

GA **3** Erarbeite aus den Ahadith mit deiner Partnerin / deinem Partner Vorschläge, wie in Situationen, in denen Gewalt beobachtet wird oder stattfindet, reagiert werden kann.

4 Warum legte der Prophet ﷺ so großen Wert darauf, dass Menschen ihren Zorn beherrschen? Und warum verknüpfte er dies mit dem Islam?

Wusstest du … Der Prophet Muhammad ﷺ schlug den Gläubigen folgende Strategie in der Beherrschung von Wut und Zorn vor: „Wenn du stehst, dann setze dich, wenn du sitzt, dann lege dich hin. Wenn dich dies noch immer nicht beruhigt, dann vollziehe die Gebetswaschung, denn das Wasser löscht das Feuer der Wut.“ (Abu Dawud)

5 Erarbeitet in eurer Klasse Standbilder zum Thema Wut. Versucht dann, die Empfehlung des Propheten ﷺ umzusetzen. Zu welchen Ergebnissen kommt ihr?

6 Habt ihr selbst schon Situationen erlebt, in denen ein Positionswechsel zur Beruhigung einer Situation beigetragen hat? Berichtet dies in der Klasse.

Iman El Sarag, St. Veit an der Glan

Mit mir fängt es an!

1 Betrachte das Bild mit den Dominosteinen und überlege: Was hat es mit dem Thema zu tun?

- Erkläre, warum es so wichtig ist, dass jede und jeder sehr darauf achtet, keinen „Anstoß“ zu Gewalt zu geben.

Auch in Österreich ist Gewalt, sei es in der Gesellschaft, zu Hause oder in der Schule, ein ernst zu nehmendes Problem.

GA **2** Lies die beiden Qur'anverse durch und diskutiere mit deiner Partnerin/deinem Partner, wie **DU PERSÖNLICH** zu einem friedlichen Zusammenleben in Österreich etwas beitragen kannst.

Allah ändert nicht den Zustand eines Volkes, bis sie (die Menschen) das ändern, was in ihnen selbst ist.
(Sura 13:11)

إِنَّ ٱللَّهَ لَا يُغَيِّرُ مَا بِقَوْمٍ
حَتَّىٰ يُغَيِّرُوا۟ مَا بِأَنفُسِهِمْ ... ١١

Und das Gute und das Böse sind nicht gleich. Wehre (das Böse) in bester Art ab, und du wirst sehen, dass der, zwischen dem und dir Feindschaft herrschte, wie ein naher Freund sein wird.
(Sura 41:34)

وَلَا تَسْتَوِى ٱلْحَسَنَةُ وَلَا ٱلسَّيِّئَةُ ۚ ٱدْفَعْ
بِٱلَّتِى هِىَ أَحْسَنُ فَإِذَا ٱلَّذِى بَيْنَكَ وَبَيْنَهُۥ
عَدَٰوَةٌ كَأَنَّهُۥ وَلِىٌّ حَمِيمٌ ٣٤

- Mein Beitrag für ein friedliches Zusammenleben in meinem Umfeld:

Ich werde erwachsen – ich trage Verantwortung

wachsen
Wachsen
WACHSEN
erWACHSEN
ERWACHSEN
ERWACHSEN
ERWACHEN

1 Betrachte die Wortfolge. Was soll damit ausgedrückt werden?

2 Was bedeutet es, erwachsen zu sein?
Welche Verantwortung bringt das Erwachsenwerden mit sich?

Der Islam setzt kein bestimmtes Alter als Grenze, ab wann man als erwachsen gilt. Das ist sehr gerecht, denn jeder Mensch entwickelt sich unterschiedlich. Manche sind früher erwachsen, andere brauchen noch Zeit für ihre Entwicklung. Am besten signalisiert der eigene Körper, die persönliche biologische Reife, wann man erwachsen ist. Allah ﷻ hat jeden Menschen unterschiedlich und einzigartig erschaffen, und so ist es nur verständlich, dass auch die Verpflichtungen der Menschen unterschiedlich sind. Die Verpflichtungen eines Erwachsenen, eines Mukallafs (vor Allah ﷻ Verantwortlichen) können wie folgt unterschieden werden:

Verantwortung Allah ﷻ gegenüber

Der Prophet Muhammad ﷺ sagte: „Das Recht Allahs gegenüber Seinen Dienern ist, nur Ihm allein zu dienen und Ihm niemals etwas beizugesellen.“
(Buchari, Muslim, Tirmidhi, Nisa'i, Ibn Madscha)

Verantwortung gegenüber sich selbst

Der Prophet Muhammad ﷺ sagte: „Dein Körper hat ein Recht dir gegenüber.“
(Buchari, Muslim)

Verantwortung gegenüber der Familie

Der Prophet Muhammad ﷺ sagte: „Der beste unter euch ist derjenige, der am besten zu seiner Familie ist.“
(Tirmidhi, Ibn Madscha)

Verantwortung gegenüber Freunden und Nachbarn

> Der Prophet Muhammad ﷺ sagte: „Der beste Mensch ist, wer den Menschen am nützlichsten ist.“
>
> (Tabarani)

Verantwortung gegenüber der Schöpfung

> Der Prophet Muhammad ﷺ sagte: „Wer einen Sperling oder ein (noch) kleineres Tier grundlos tötet, den wird Allah (am Jüngsten Tag) danach fragen.“
>
> (Nisa'i)

3 Wie kann die Verantwortung in die Tat umgesetzt werden?
Schreibe zu jedem Punkt jeweils ein Beispiel auf.

Ich erfülle meine Verantwortung Allah سبحانه وتعالى gegenüber, indem ich …

___

Ich erfülle meine Verantwortung mir selbst gegenüber, indem ich …

___

Ich erfülle meine Verantwortung der Familie gegenüber, indem ich …

___

Ich erfülle meine Verantwortung Freunden und Nachbarn gegenüber, indem ich …

___

Ich erfülle meine Verantwortung der Schöpfung gegenüber, indem ich …

___

GA **4** Finde zu jedem Punkt weitere Beispiele. Gestalte mit deiner Partnerin/deinem Partner ein Plakat „Wie kann ich Verantwortung übernehmen?“ Präsentiert es anschließend in der Klasse.

Glossar

Ahadith (Plural von Hadith): Aussprüche des Propheten ﷺ

al-Amin: der Vertrauenswürdige (Beiname des Propheten ﷺ)

Asma' ullahil-husna: die schönsten Namen Allahs

Alhamdulillah: Alles Lob gebührt Allah ﷻ

Al-Huda: die Rechtleitung (Name des Qur'an)

Allahu akbar: Allah ﷻ ist der Größte

Ansar: die Helfer (Muslime in Medina)

Asbabun-Nuzul: Gründe für die Herabsendung der Offenbarung (Koranwissenschaft)

as-Siddiq: der Aufrichtige (Name von Abu Bakr ؓ)

Aya (Plural Ayat): Qur'anvers

da´if: schwach (Beschreibung für die Qualität eines Hadith)

Dhikr: Gedenken

Furqan: die Unterscheidung

Dschabal an-Nur: Berg des Lichtes

Du'a: Bittgebet

Dschuz': einer der 30 Teile des Qur'an

'Idu-l-Fitr: Fest des Fastenbrechens/ Ramadanfest

hasan: gut (Beschreibung für Qualität von Hadith)

Hidschra: Auswanderung

Hizb: einer der 60 Teile des Qur'an

'Idu-l-Adha: Opferfest

Isnad: Überliefererkette

Iqra´: Lies!

Kalif: Stellvertreter, Nachfolger

Kitab: Buch

La haula wa la quwata illa billah: Es gibt keine Kraft und keine Macht außer mit Allah ﷻ

La ilaha illallah: Es gibt keinen Gott außer Allah ﷻ / Es gibt keine Gottheiten neben Allah ﷻ

Matn: Hadithtext

Muhadschirun: Auswanderer

Mushaf: arabisches Qur'anexemplar

Nabiy: Prophet

Niyya: Absicht

Rabb: Herr – andere Bezeichnung für Allah ﷻ

Rasoul: Gesandter

Rukuu´: nach vorn geneigte Gebetshaltung

Sadschda: eine Niederwerfung

Sahabi (Plural Sahaba): Gefährte des Propheten ﷺ

sahih: gesund (beschreibt die Sicherheit eines Hadithes)

Salawat: Segenswünsche

Sami'a Allahu liman hamida: Allah ﷻ hört den, der ihn lobpreist

Schahada: Glaubensbekenntnis

Sunna: Lebensweise des Propheten ﷺ

Subhanallah: Gepriesen sei Allah ﷻ

Tabi'un: erste Generation nach den Gefährten des Propheten ﷺ

Tafsir: Interpretation des Qur'an